梅本堯夫・大山 正 監修 **4** コンパクト新心理学ライブラリ

発達の心理
ことばの獲得と学び

内田伸子 著

サイエンス社

監修のことば

　心理学をこれから学ぼうという人の中には，おうおうにして先入観をもっている人が多い。それは，たいていマスコミで取り上げられることの多いカウンセリングや深層心理の問題である。心理学といえば，それだけを扱うものであるという誤解が生まれやすいのは，それらの内容が青年期の悩みに，すぐに答えてくれるように思われるからであろう。それらの臨床心理の問題も，もちろん，心理学の中で重要な問題領域であるが，心を研究する科学としての心理学が扱う問題は，もちろんそれだけではない。

　人間は環境の中で生きていくために，環境の事物をよく見たり，聞いたりしなければならないし，欲望を満足させるために行動しなければならないし，行動して得た貴重な経験は生かされなければならない。心は，考えたり，喜んだり，泣いたり，喧嘩したり，恋愛をしたりという，人間のあらゆる活動で働いている。大人の心だけではなく，子どもの心も知らなければならない。人はそれぞれ違った性格をもっているし，社会の中で生きていくためには人間関係がどのようになっているかも知らなければならない。

　心理学は実に豊富な内容をもっていて，簡単にこれだけが心理学であるというわけにはいかない。『吾輩は猫である』という作品一つで，夏目漱石とは，こういう作家であるといえないようなものである。夏目漱石を知ろうと思えば，漱石全集を読む必要がある。

　それと同じように心理学とはなにかということを理解するためには，知覚心理学も発達心理学も性格心理学も社会心理学も臨床心理学も，およそのところを把握する必要がある。

　われわれがさきに監修した「新心理学ライブラリ」は，さいわい世間で好意的に受け入れられ，多くの大学で教科書として採用していただいた。しかし近年，ますます大学で学ばなければならない科目は増加しており，心理学のみにあまり長い時間をかける余裕はなくなってきた。そこで，今回刊行する，心理学の各領域のエッセンスをコンパクトにまとめた「コンパクト新心理学ライブラリ」は現代の多忙な大学生にとって最適のシリーズであると信じる。

監修者　梅本堯夫
　　　　大山　正

はしがき

本書は,「コンパクト新心理学ライブラリ」の中の一巻として企画・編集された発達心理学のテキストである。

発達心理学における基本的な問は,「人間は誕生してから死ぬまでどのように発達するか」である。本書ではこの問に答えるために人間の証である言語に焦点をあて,ことばの獲得と教育という視点から,人間の発達を描きだすことにした。

筆者は発達心理学の研究や教育に携わる中で,3人の心理学者から大きな影響を受けた。社会・文化・歴史の状況が人間発達に影響することを教えてくれたのは旧ソビエト連邦の心理学者ヴィゴツキー（Vygotsky, L. S.）である。文化や芸術が伝わるとき,受け手の心的図式（スキーマ）が情報の抽出に制約を与えることを教えてくれたのは,イギリスの社会心理学者バートレット（Bartlett, F. C.）である。バートレットは,巧みな実験手法を用いて,想起とは記憶貯蔵庫に蓄えられた記憶を取り出すことではなく,目の前の情報とアクセスされた記憶情報とを能動的に再構成することであることを証明してみせた。さらに,精神医学者・心理学者のフランクル（Frankl, V. E.）は第2次世界大戦中,ナチスドイツがヨーロッパ各地につくったユダヤ人捕虜強制収容所の一つに収容された。彼はその体験を書き著し可視化させることによって,「人はパンではなく想像力によって生きる力を与えられる」ということに気づいた。人間は自分の意志の力で環境に合わせて自分を変えるだけでなく,環境を制御することができる存在であることを教えてくれたのである。これらの心理学者たちによる著作は,筆者が発達心理学徒として探究の道を進む上でのバ

ックボーンとなった。

　21世紀に入り発達心理学は脳科学や生命科学との接近・架橋・連携が進み，人間発達についての見方も大きく様変わりした。まず，第1に，人間は生物学的存在として，より容易に，より自然に多くのことを学ぶようにできている。第2に，私たちの学習能力も含めて，能力の多くはすべて環境次第というわけではなく，生得的制約を受けており，領域固有なものである。第3に，乳幼児は身体発達を除き，認知や言語の面については従来考えられてきた以上に有能である。胎児期から認知発達や言語習得の準備ができあがっており，誕生時にはかなりの準備が整っている。一方，大人は，私たちが考えているほど有能ではない。第4に，社会・情動発達の生物学的基盤が解明され，乳児期の知見の蓄積が進んだ。「20世紀最大の発達心理学者」といわれるピアジェ（Piaget, J.）が想定したよりも早くから，子どもは他人の欲求や願望が理解でき「心の理論」が成立する。第5に，言語発達は言語学者のチョムスキー（Chomsky, A. N.）やピンカー（Pinker, S. A.）が想定したような生得的制約は大きいものの，環境の役割も無視はできない。第6に，認知発達や社会性の発達は，ピアジェが想定したように段階的に順序よく進むのではなく，前進と後退を繰り返し螺旋状に進んでいく。第7に，発達経路は人間誰もが一様というわけではなく，個々人の生活や活動次第で変化する。第8に発達が滞っているとき，あるいは後戻りしたように見えるときに，心・身体・頭の中で，「見えない力」が成熟し発達をとげている。第9にイメージの誕生は意味の世界で生きることを可能にしてくれる。第10に，リテラシー（読み書き能力）を手に入れることにより，人は目前の人々に限らず，時空を隔てた人々とのやりと

りを介して，より豊かな人間へと人生の旅を歩み始めるのである。

　本書を手にする読者は，人間の発達を共感的に理解し，人間という素晴らしい存在への敬意の念，何よりも，人間に対するあたたかい愛情を抱くきっかけを与えられるであろうことを期待している。

　このように人間発達のとらえ方が大きく様変わりした現在，その変化を伝える機会を与えてくださった故・梅本堯夫先生，大山正先生に心から感謝申し上げます。お二人の泰斗は，筆者が発達心理学徒として歩み始めた頃から，たえず，あたたかなご鞭撻と励ましをくださり，歩みをとめてたたずんでいる筆者の背中を押してくださいました。また，前著『幼児心理学への招待［改訂版］』でもお世話になったサイエンス社編集部，清水匡太氏は，定年後，保育者研修や教師教育の仕事に忙殺され，パソコンに向かう時間が激減した筆者を励まし，辛抱強くサポートしてくださいました。みなさまのおかげで本書を世に出すことができました。心からの感謝を捧げます。

2016 年　初秋

内 田 伸 子

目　次

はしがき……………………………………………………………………ⅰ

第1章　ヒトから人，そして人間へ
──言語の起源を探る　　1

- 1-1　人間は進化の産物……………………………………………2
- 1-2　ことばは世界認識の道具……………………………………8
- 1-3　ことばの起源………………………………………………12
- 　　　参 考 図 書………………………………………………19

第2章　母子コミュニケーション発生の基盤
──生物学的基盤と社会的基盤　　21

- 2-1　音声言語発生の生物学的基盤………………………………22
- 2-2　コミュニケーション発生の生物学的基盤…………………28
- 2-3　コミュニケーション発生の社会的基盤……………………30
- 　　　参 考 図 書………………………………………………36

第3章　第1次認知革命
──「図鑑型」・「物語型」：個性の芽生え　　37

- 3-1　第1次認知革命………………………………………………38
- 3-2　個性の芽生え…………………………………………………46
- 3-3　社会的コミュニケーション…………………………………50
- 　　　参 考 図 書………………………………………………54

第4章　ことばの獲得
──ことばを覚えるしくみ　　55

- 4-1　言語獲得の生得的な制約……………………………………56

4-2	発音や文法の獲得	62
4-3	語の意味の獲得	64
	参 考 図 書	74

第5章 外国語の学習
――ことばの獲得と「敏感期」　　　　　75

5-1	言語学習の敏感期	76
5-2	言語獲得の生物学的制約	84
5-3	2言語習得の相互依存性	90
	参 考 図 書	96

第6章 児童虐待からの再生
――人間発達の可塑性　　　　　99

6-1	経済格差の拡大と児童虐待の急増	100
6-2	FとMの物語	104
6-3	人間発達の可塑性	116
	参 考 図 書	121

第7章 想像力の発達
――語り・想起・創造のメカニズム　　　　　123

7-1	創造的想像のメカニズム	124
7-2	想起のメカニズム	130
7-3	物語のメカニズム	136
	参 考 図 書	143

第8章 学力格差は幼児期から始まるのか
――学力格差と経済格差　　　　　145

| 8-1 | 学力格差は幼児期から始まるのか | 146 |

- 8-2 幼児期のリテラシーと児童期の学力テストとの関連 ……………………………………………………… 152
- 8-3 遊びと将来の学力との関連 ………………………… 158
  - 参 考 図 書 ………………………………………… 162

第9章　考える力を育むことばの教育
——メタ認知を活用する授業デザイン　　163

- 9-1 日本の子どもの学力低下の背景 …………………… 164
- 9-2 言語力育成への取組み ……………………………… 166
- 9-3 論理科カリキュラムの開発と実践 ………………… 168
  - 参 考 図 書 ………………………………………… 178

第10章　書くことによる認識の発達
——書くこと・考えること・生きること　　179

- 10-1 リテラシーの習得と認識過程 ……………………… 180
- 10-2 作文の推敲過程とその意義 ………………………… 186
- 10-3 書くことによる生きる意味の発見 ………………… 194
  - 参 考 図 書 ………………………………………… 196

引 用 文 献 …………………………………………………… 197
人 名 索 引 …………………………………………………… 209
事 項 索 引 …………………………………………………… 211
著 者 紹 介 …………………………………………………… 213

ヒトから人,そして人間へ
言語の起源を探る

　人間は生物的存在であり,進化の産物である。では,個体発生と系統発生はどのような関係にあるのか。言語と意識はいつから発生したのか。言語は人の「証」なのか。本章では,ことばの起源を求めて,ヒトから人,そして人間への進化の過程について考察する。

1-1　人間は進化の産物

●個体発生は系統発生を繰り返す

「**個体発生**」とは個々の人間または動物の発達を示すことばであり，「**系統発生**」とは種の進化，つまり下等動物から人間のような高等動物までの進化の歴史を示すことばである。人間が他の種と連続しているか，それとも連続していないかという問は，発達現象を考える上で重要な問である。これを問うことにより，他の種で得られた知見から人間の発達に対してどのような潜在的な制約があるかを考える手がかりが与えられる。

ダーウィン（1871/1999）は他の種と人間の身体組織や行動の発生的なつながりを探すことによって種間の連続性を示そうとした。たとえば，人間とチンパンジーを比べると身体組織の素材の90％近くは共通のものからできている。この点からみると人間と他の種とは連続しているように思われる。しかし，それでもなお，人間（ホモ・サピエンス）が他の種と明らかに異なっているのは，人間のみが言語——音声言語や身振り語——を獲得するという点である。コールとコール（Cole & Cole, 1989）が指摘しているように，人間は文化を創造し，それをことばや文字によって世代から世代へと伝達する。動物の研究は人間の発達を考える上で幾多の示唆を与えてくれる。両者の重大な相違点，つまり，人間が文化に取り巻かれ，文化的文脈の中で活動することを通じて発達していくという点を考慮することなしには，ヒトから，人，さらに人間への進化過程を理解することはできない。

●二足歩行の贈物

現生人類の他の霊長類に比べて一番目立つ特徴である大きな脳は，人類の進化のうち，かなり後になって出現した（北原（フリ

脳の重さ

アウストラロピテクス　ジャワ原人　　ネアンデルタール人　　現生人類
（猿人）　　　　（50万年前）　　（10万年前）
（70万年前）

図1-1　化石人類と現生人類の脳の重さの比較（時実, 1969より）
直立歩行の開始は350万年前。図の脳の重さは男性のもの。女性の脳の重さは男性より50g軽い。

1-1　人間は進化の産物

ッシュ），1983）。その反面，二足歩行は脳の容積が拡大するかなり以前に起こっている。ヒトの進化については，最近では，DNAの塩基やアミノ酸残基の配列の類似度に基づく分子進化の研究に基づいて，現代人の祖先は10〜20万年前にアフリカで誕生したという「アフリカ一元説」が有力になっている。それによると類人猿は進化の初期にアジア型とアフリカ型に分かれ，アフリカ型からゴリラへの進化が起こり，その後チンパンジーとヒトへの進化が起こったという。

現代人類の大脳の重さは男性が1,400g，女性が1,350gと，直立歩行が始まった頃の3倍にもなった（図1-1，表1-1）。この大脳の拡大，すなわち，知能の進化に二足歩行が果たした役割は大きい。ヒトの脳は50万年前に極大に達している。その後，石器の製作技術が急速に向上し，装飾用の彫刻や洞窟壁画などの芸術作品の制作は3万年前に始まっている。象徴機能が進化するにともない，原始言語，さらに言語が発生するようになる。道具を製作し使用すること，壁画を描き観賞すること，言語を操り，環境について情報を得て共有することなどのきっかけは，二足歩行に端を発している。

第1に，二足歩行によって手が自由になり，外界事物の操作が可能になる。それが，コントロール機能を司る大脳部位の拡大をもたらした。第2に，視野が広がり，外界の情報が集めやすくなった。特に人間についての情報は自己意識を発生させることになった。他者を「他者」として認識し，「自己」との違いを意識するようになったのである。第3に，食事と呼吸のための器官が発声器官として都合のよい構造へと変化し，舌が自由に動かせる空間が広がった。これによって，さまざまな音声をつくりだし，そ

表 1-1 **化石人類から人への進化**（時実，1969 より）

分類	年代	概要	発見年	発見場所	備考
原人	440万年前	ラミダス猿人	1992年	エチオピア	
原人	320万年前	アファール猿人	1974年	エチオピア	愛称ルーシー「二足歩行」
原人	250万年前	ガルヒ猿人	1999年	エチオピア	
原人	200万年前	ホモ・ハビリス			大脳の発達：600cc「手先が器用」
原人	130万年前	ホモ・エレクトス			大脳の発達：850 cc「言語の発達・火の使用」
原人	100万年前	ジャワ原人	1888年	ジャワ島	石器と火の使用
原人	50万年前	北京原人	1929年	中国・周口店	石器と火の使用
原人	40～25万年前	ホモ・サピエンスの出現			古代ホモ・サピエンス
旧人	15～4万年前	ネアンデルタール人	1856年	ドイツ・ネアンデル谷	中期旧石器時代
新人	4万年前	クロマニヨン	1868年	フランス	後期旧石器時代

れを共鳴させてよく響く声が出せるようになった。第4に，口はモノをつかむことから解放される。その結果，口隅部の筋肉運動が活発化し，表情をつくるための顔面筋も進化した（図1-2，図1-3）。

こうして原始言語が発生し，コミュニケーションが生まれ，意識が発生すると，共同体をつくって暮らすようになる。ヒトは生活域（ニッチ）を一層拡大することになった。広がった生活域で適応するための入力情報は，聴覚情報，触覚情報に加え，増大した視覚情報など，様式の異なるさまざまな情報からなる。そしてこれらを符合化し統合するための情報処理システムが必要になる。そのシステムができるのに呼応して，これを収納する大脳部位が進化し，容積の拡大をもたらすことになる。

● 大脳の拡大への淘汰圧

古生物学者のジェリソン（1976）は，大脳の拡大は生物がニッチに適応できるように，その受容器（感覚器官）を変化させたことによってもたらされたものと推測している。

初期哺乳類は，大型恐竜のニッチで生活していたため，もっぱら夜間に活動していた。近くの情報を収集するためには夜間視覚系を用いており，遠距離情報は聴覚と嗅覚によっていた。夜行性の爬虫類式視覚と哺乳類式聴覚・嗅覚によって外部からの情報を受容していたのである。これら3つの質の異なる感覚情報を統合し，特定の空間の同一物体からきた情報として符号化するメカニズム「感覚統合システム」をつくりあげ，それを収納するスペースが必要になる。その分だけそれを収納するための脳の容量が拡大したのである。

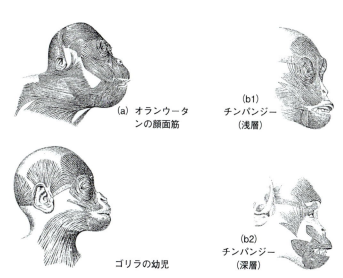

図 1-2 **類人猿の顔面筋**（Huber, 1931 より）

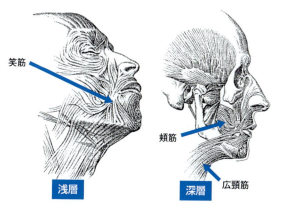

図 1-3 **ヒトの顔面下部の筋**（Braus, 1954 より）
発話や表情表出に都合がよい。

1-2 ことばは世界認識の道具

●原始言語の発生

　初期の人類は捕食性肉食動物のニッチに侵入し，それに適応するように変化したものと考えられる。適応はまず，移動を速やかにするために二足歩行をするように変化した。次に，それによって摂食器官と呼吸器官を発声に都合よい構造へ，音の共鳴が起こりやすい構造へと変化させることになった。これによってさまざまな音声を発する能力が備わるようになった。

　澤口（1995）によれば，今から150〜200万年ほど前にいた初期人類のホモ・エレクトスの頭蓋骨の化石には，音声言語に関連するブローカ野（発語コントロールを司る「前言語野」）の痕跡がはっきり認められるという。そうすると，原始言語は，大脳が飛躍的に拡大するのに先行して出現したと考えられよう。

　ホモ・サピエンス（ヒト）の脳は全体に大きくなり，頭頂が膨らんでいる（図1-4）。頭頂部は前頭連合野と機能的に連携して象徴機能（象徴化やシンボル操作）を担うとされている部位である（Holloway, 1974；Bruner et al., 2003）。ホモ・エレクトスにおいて発生した原始言語を操ることによって，環境からの入力の様式が複雑化し，社会的関係が複雑になるにつれ，言語を操るコントロール機能系を必要とするようになる。脳には，そのコントロール機能系を組み込むためのスペースが必要になる。そこで脳が拡大する。音声言語がからんだ社会的やりとりが日常的になると，その環境がさらに大きい脳を必要とするようになるという循環的進化が繰り返され，脳の拡大と象徴機能の成熟は互いに相互作用を繰り返しながら，大きい脳へと進化していったと推測される。

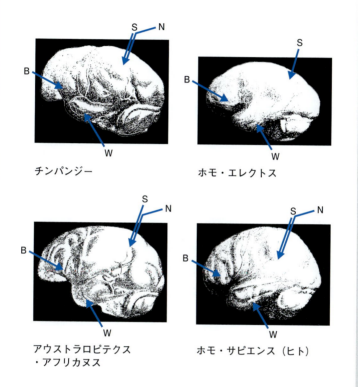

図1-4 チンパンジー，化石人類とヒトとの脳の比較（Holloway, 1974より）
S：象徴機能の座（シンボル操作），B：ブローカ野（発語の調整），W：ウェルニッケ野（言語理解），N：ネアンデルタールに顕著な部位。

● 感覚事象の代表から社会的伝達へ

ジェリソンは，原始言語の発生段階では，原始言語は感覚事象を代表し，その表象を素材にして「世界についてのモデルを構成する」という役割を担っていたのではないかと推測している。原始言語は感覚的・知覚的発達を代表し，表象をもたらすものとして始まり，集団で生活するうちに，社会的伝達機能をも果たすようになった。

系統発生の過程では**社会的伝達**機能は，感覚事象の代表としての機能より遅れて出現した。同様に，個体発生の過程でも伝達機能は思考機能よりも遅れて出現する。指さしや発声は，世界についてのモデルを構成し，課題を解決する手段である。周りの大人が子どもの指さしや発声に気づき，それに応えているうちに，2次的に社会的伝達機能が加わるようになったのである。

人間の指さしは生後6カ月頃から観察される。チャン・デュク・タオ（1979）や，やまだ（1987）は，指さしの発生についての観察に基づき，指さしの機能が「世界についてのモデルの構成」から「社会的伝達」へと変化していくことを報告している。指さしは周りに人がいてもいなくても出現する。他人が乳児の指さしに気づいて，それにことばをかける。これを繰り返すうちに，指さしには，誰かに何かを知らせるという指示機能や伝達機能が副次的に加わるようになるのである。

以上から，個体発生の過程においても，原始言語や身振りなどのシンボルは「世界認識の道具」として出現し，やがて「社会的伝達の道具」としての役割を果たすようになるのである。

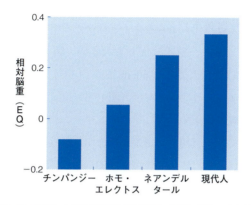

図 1-5　各種ヒト科霊長類の相対脳重（EQ）（澤口，2005）

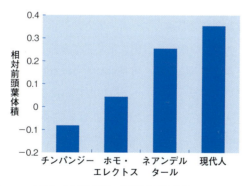

図 1-6　各種ヒト科霊長類の相対前頭葉体積（澤口，2005）

1-3 ことばの起源

● ネアンデルタールの知能

　化石から脳の進化程度を計算した澤口（2005）によると，ネアンデルタールは現代人よりも体重と比べた「相対脳重」は小さく，ホモ・エレクトス（原人）よりも大きい（図1-5）。「余剰大脳皮質面積」は現代人よりも50cm狭く，「相対前頭葉体積」は現代人よりも40％も小さいという（図1-6）。前頭葉は知能や言語・自己制御機能を担っている。そこで，ネアンデルタールは現代人に比べて，知能や言語シンボルを操作する象徴機能の進化の程度が未成熟であった（Bruner et al., 2003；澤口，2005）と推測される。

　発声器官の特徴は音声言語の発声に適していたであろうか。ネアンデルタールも現代人と同様に背筋をまっすぐ伸ばした直立姿勢により二足歩行をしていた。二足歩行により，摂食器官や呼吸器官であった口は，音声を共鳴しやすい発語器官に進化した。雑食や発声による交信を通して，舌の動きが進化した。こうして，声を出すときの息の流れを自由に動く舌で調節して音を変化させることができるようになる。舌骨はヒトと同程度の形状であり，完成度が高い（板橋，2003）。しかし声帯の位置が現代人の祖先のホモ・サピエンスに比べてかなり低い位置にある（Lewin, 1993；図1-7）。

　音声言語は音素から単語，単語から文が構成されるという二重文節構造になっている。ネアンデルタールの声帯がこれほど低い位置にあると，呼気の量を自由に保持・調整して，タイミングをはかりリズミカルに押し出すことによって文節化された音声をつくりだすことは難しい（内田，2005）。

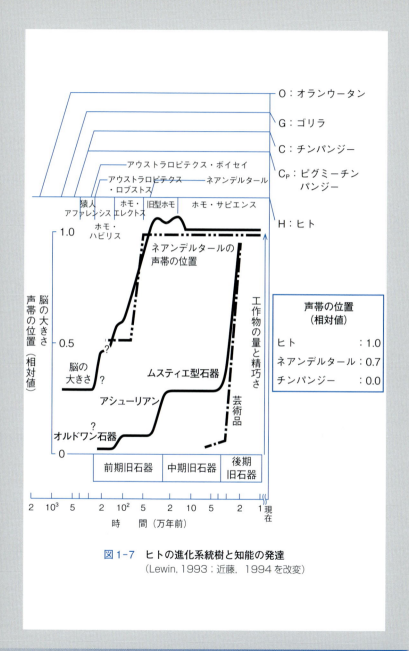

図 1-7 ヒトの進化系統樹と知能の発達
(Lewin, 1993；近藤, 1994 を改変)

● ヒトの音声言語の進化

　大型動物は喉頭が下降したことで声道が長い。声道が長いと呼気は増幅され大きな声を出せるようになる。大きな声は捕食者を恐れさせ，生き延びるのに有利になることから，選択的淘汰が起こって大きな声を出す動物が生き残ることになった。

　ヒトの喉頭が下がったことは音声言語の進化にとって有利である（図1-8）。しかし，喉頭の下降により，ヒトは呼吸と嚥下に同じ経路を使うことなる。音声言語を進化させるために支払った「代価」ともいえる。ヒトは呼吸と嚥下は同時には行えない。乳児は生後3カ月頃から喉頭の下降がはじまり，3，4歳頃に完成する。男性は思春期，つまり第二次性徴の時期に声帯の位置がさらに下降して声変わりし，声の高さが低くなる。

　生物言語学者のフィリップ・リーバーマンは現代人にみられる声道の変化はホモ・サピエンスが出現した15万年前まで完成していなかったと指摘している（Pinker, 2010より）。つまり，ネアンデルタールはせいぜい現代人の赤ん坊程度の発声能力をもっていたにすぎないという。

● 埋葬の儀式をしたという仮説

　日本・シリア合同調査団は，デデリエ洞窟で，2歳（推定）の男児の人骨を発見した。その人骨は発見者の名前から「タケルくん」と命名された。図1-9はその全身骨格をコンピュータ技術によって立ち上がらせたものである。タケルくんはオトガイが狭くて，骨盤の形態は現生人類とまったく同じであり，すっくと立ち上がり二足歩行していたと思われる。推定年齢2歳の男児で，身体は4頭身半，現代人では4歳くらいにみえる。骨格はがっしりしていて，身体成長の速度は現代の子どもよりも速かったのか

 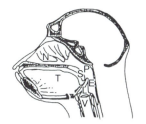

ヒトののどの横断面　　　　チンパンジーののどの横断面

図1-8　ヒトの成人とチンパンジーののどの形態の比較
（レネバーグ，1974より）

S：軟口蓋，N：鼻腔，P：咽頭，L：咽頭の喉頭への開口，E：喉頭蓋，T：舌，V：声帯。

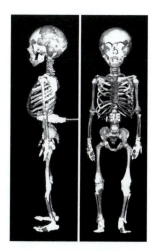

図1-9　ネアンデルタールの子どもの全身骨格
（Akazawa & Muhesen, 2002）

1-3　ことばの起源

もしれない（河内，2005）。

シャニダール洞窟の人骨が埋められていた場所にはたくさんの花粉の化石が見つかったことから，1970年代にはネアンデルタールは死者に供花する埋葬の儀式を執り行っていたのではないかとの仮説が立てられた。しかし，現代の考古学では人骨が出土した地形の特徴からたまたま花が吹き寄せられたため花粉の化石が残っていたとされ，その仮説は否定されている（板橋，2003）。

● **洗練された石器の「愚直な」製作と使用**

ネアンデルタールはムスティエ型石器を製作し使っていた（図1-10）。この石器は左右対称で完成度が高く美しい。倒した獲物をこの石器を使って切り分け集団で分配していたと推測されている。石器の形状は左右対称で斉一であるため，使用対象の形状や材質の多様さに対応できなかったと考えられている。これに対して，新石器時代のクロマニヨンは，石器は使う対象に合わせて形状を変えて作る。肉を切り裂く，骨を砕く，皮をなめすなど用途に合わせて石器をデザインし巧みに形を変えた。

ネアンデルタールは，石器作りに必要なルーチン的な技能は習得していたが，道具として適応的な使用を目的とした製作技能まではもっていなかったと推測される。ネアンデルタールには「創造性が欠如していた」（松本，2003）のである。言語シンボルを操作するための象徴機能は未成熟な段階に留まっていたと推測される。

● **ことばをもたないネアンデルタール**

ネアンデルタールは苛酷な氷河期のヨーロッパで生存していた。子どもも大人も同様の埋葬状態であることから想像すると，ネアンデルタールは家族的な単位からなる集団で生活共同体を作って

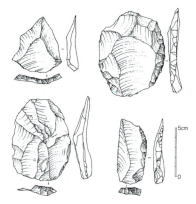

図 1-10　ネアンデルタールのムスティエ型石器
　　　（上：東京大学総合研究博物館蔵
　　　　下：イスラエル，タブン洞窟出土。ケンブリッジ大学所蔵品）

過酷な環境に対処していたのではないかと考えられる。

生活域はホモ・サピエンスのクロマニヨンより狭かったということで，当然，集団内では社会的な相互行為があったと推測され，なんらかの交信手段が必要であっただろう。

しかし，その交信手段は分節化されたことばによるものではない。自分のために発する叫声と，他者に向かって発せられる原始的な音声が伴う身振りによるものであっただろう（内田，2005）。

以上から，ネアンデルタールは叫声から，自分たちを取り巻く世界のモデルを構成するための原始言語を発生させる途上にあり，いわゆることばは話せなかったと推測される。

● ことばはいつから発生したか

脳の化石や石器の精巧さから推測した象徴機能の発達の程度や発語器官の完成度，ゲノム解析でわかった知能の程度からみて，ことばは新石器時代のクロマニヨンから発生したと推測されよう。

ヒトから人への進化は，社会的存在として生きるヒトが，環境認識の手段から交信手段へと象徴機能の変質を遂げることにより達成されたものである。生物が生き延びるためには，生育環境への適応的変化が達成できるか否かが鍵を握っている。「強いものが生き残るのではない。ニッチにあわせて自らを適応的に変化させえたものだけが生き残るのである」（Darwin, 1871）。他の種と同様，人間も，適応的な進化の過程によって，ヒトから人への道を歩み，人との絆をきりむすびながら人間への道を歩んできたのである。

参考図書

長谷川寿一・長谷川真理子 (2000). 進化と人間行動　東京大学出版会

　発達心理学は進化心理学と結びついて発展している。進化と人間行動について深く学びたい人のための専門書。

赤澤　威（編著）(2005). ネアンデルタール人の正体——彼らの「悩み」に迫る——　朝日新聞社

　人類学者，脳科学者や発達心理学者が協働してネアンデルタールの正体を探り，言語や認識の起源や生活の仕方についてわかりやすく解説した啓蒙書。

母子コミュニケーション発生の基盤 2
生物学的基盤と社会的基盤

　大脳の発達水準が最高段階に到達した人間の出産は，二足歩行の親から生まれるため，胎児の大脳が成熟しないうちに行われる。この生理的早産は人間が進化したために生じた矛盾を解消する以上の意味をもつ。未熟なうちに誕生することで，音声言語の発生が促され，乳児と親との非言語的なコミュニケーションを活発化する契機となるのである。本章では，そういった母子コミュニケーションの発生を支える生物学的基盤と社会的基盤について考察する。

2-1　音声言語発生の生物学的基盤

●離巣性と就巣性

　ポルトマン（1961）は，哺乳類の発達が種によって著しく異なることを見出した。彼は，これを，鳥類の孵化後の状態を示す「離巣性」（巣立つもの）と「就巣性」（巣に座っているもの）の概念で分類した。ネズミのように下等な哺乳類は就巣性であり，無防備，未成熟のままで生まれ，移動能力もない。そこでしばらくは親が養育することになる。一方，ウマ，シカ，アザラシやサルなどのように，複雑な組織体制をもち，大脳の形成水準が比較的高い哺乳類は「離巣性」に属している。誕生直後から眼，耳などの感覚器官は働いており，自力で立ち上がって親の乳に吸いつくような運動能力も備えている（図2-1）。

●2次的就巣性

　人間は，もっとも複雑な組織体制をもち，大脳の進化も最高水準に達した種である。離巣性に属しているかというと，誕生時は無能力・無防備で就巣性に近い。人間の赤ん坊は大人とはかけ離れた姿で誕生する（図2-2）。

　人類が直立歩行するようになってから，徐々に大脳が拡大していった。直立歩行した当初は，現生人類のほぼ3分の1程度の大きさの大脳をもっていたにすぎなかったのに，およそ350万年を経て現生人類の大脳の大きさに進化した（第1章参照）。

　縮小した産道から頭の大きな胎児を安全に出産するにはどうしたらよいか？　この解決策として，本来なら後1年くらいは母胎内で発育すべきところを，胎児の頭が大きくなりすぎないうちに出産してしまう「生理的早産」というやり方を人類は手に入れることになった。誕生時の運動機能は未成熟で移動能力もないため

図2-1 生まれたてのゴリラ，チンパンジー，子ヤギ，アザラシの子
（ポルトマン，1961）
体型と運動機能はすでにかなり発達しており，離巣性をもつ動物といえる。

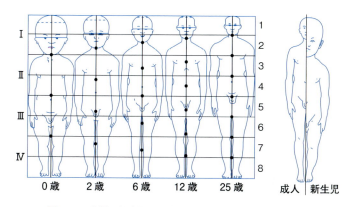

図2-2 人間の新生児から成人の姿（Stratz, C. H. による）
人間の乳児はまったく未成熟であり，0歳のときの姿と25歳のときの姿は，かなりかけ離れている。図中の黒点は0歳＝4頭身，2歳＝5頭身，6歳＝6頭身，12歳＝7頭身，25歳＝8頭身であることを示す（ポルトマン，1961）。

2-1 音声言語発生の生物学的基盤

就巣性に近い。しかし、感覚機能は成熟しており離巣性である。そこで、ポルトマンは人間を「2次的就巣性」の種とよんだ（表2-1）。

● 母子関係の長期化

人間の乳児は未成熟なうちに母胎を抜け出してしまう。その結果、他の種にみられぬほど早くから変化に富んだ外界からの刺激にさらされることになる。そのため親の世話も必要とする。中枢神経系の聴覚野や視覚野、外界の刺激に応じて反応する運動野などは出生時からかなり成熟しており、出生直後から個体それぞれの生まれた環境の変化に応じて行動型が形成されていく。人間の発達においては、未成熟で生まれるという特殊性により、遺伝よりも環境からの影響が大きく、そのため養育や教育の役割がきわめて大きいのである。

● 人に敏感、表情に敏感

乳児の誕生直後の視力は、0.02程度、明視の距離は40cm程度である。これは母親に抱かれたとき、その顔がはっきり見え、それより遠くはぼんやりとしか見えない視力である。また、生後2週間くらいは色彩のない世界に住んでいて、明暗のコントラストによって対象を見ているため、顔の中でも髪の生え際とか、目のあたりに焦点を合わせることになる。このことは、母親にとっては「赤ん坊が自分を見ている」「自分に無言で語りかけてくる」というような実感を与えるらしい。そこで母親は乳児に話しかけたり、乳児が何を欲しているかを読みとろうとする。

さらに、乳児は母親の目に焦点を合わせ、母親からの反応を引き出すのに成功する。母親を見つめるという行為はさらに、表情を見分けることにもつながる。生後約1時間程度の新生児が、母

表 2-1 哺乳類における個体発生的関係 (ポルトマン, 1961)

	下等な組織体制段階	高等な組織体制段階
妊娠期間	非常に短い (たとえば 20〜30 日)	長い (50 日以上)
一胎ごとの 子の数	多い (たとえば 5〜22 ひき)	たいてい 1〜2 ひき (まれに 4 ひき)
誕生時の子 どもの状態	「巣に座っているもの」 (就巣性)	「巣立つもの」 (離巣性)
例	多くの食虫類, 齧歯類, イタチの類, 小さな肉食獣	有蹄類, アザラシ, クジラ, 擬猴類と猿類

親の表情の変化に対しても敏感であり、人の表情を見分け、怒りや喜びの表情に応じた表情をするのである（Meltzoff & Moore, 1977）。

母親が生後やっと1時間経つか経たないかの新生児を腕に抱き、その顔を見つめてゆっくりと舌出しをする。その口元をじっと見つめていた新生児は次第に自分の口をもぞもぞ動かし始め、ついには自分の舌を出すのに成功する。さらに、口を開閉したり、おちょぼ口をして見せたり、手の開閉「にぎにぎ」などをして見せると、それを「真似る」のである（図2-3, 図2-4）。

生まれたばかりの新生児がなぜ、大人の表情や動作を真似るのであろうか。生後1時間であるから、そのような運動の仕方を経験によって学習したとは考えにくい。初期の動作や表情の共鳴は反射であり、自動的、本能的なもので、皮質下の中枢や小脳によって処理されており大脳皮質の運動調整の中枢（前頭連合野や運動野）が関与する随意的な模倣とは異なったメカニズムで生ずるものなのである。

● 言語音に敏感

保育所で乳児は他の乳児が泣き出せばつられて泣き出すし、人の声に合わせて手足を動かす。このような反応は、言語音であればたとえ聞いたことのない言語であっても生ずる。生後12時間たったばかりの新生児が言語音を聞くとき、母語の英語はもちろんのこと、聞いたことのない中国語であっても、言語音の音韻の区切れ目に同調するリズムで、腕や脚を同期させる（Condon & Sander, 1974）。

生後3週目の乳児が有声音（声帯を振動させる音、ba, daなど）か無声音（声帯を振動させない音、pa, kaなど）かのカテ

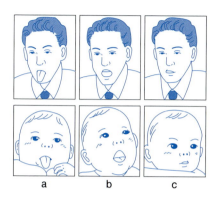

図 2-3　乳児は大人のしぐさを真似る（Meltzoff & Moore, 1977）
a. 舌出し（あかんべえ），b. 口を大きく開ける，c. 口をすぼめて突き出す。

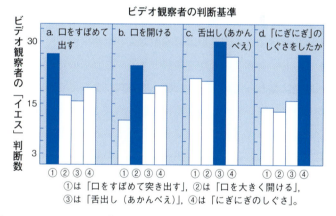

①は「口をすぼめて突き出す」，②は「口を大きく開ける」，
③は「舌出し（あかんべえ）」，④は「にぎにぎのしぐさ」。

図 2-4　メルツォフらの「あかんべえ」実験の結果（Meltzoff & Moore, 1977）
1カ月未満（生後 12〜21 日）の新生児を座らせて，実験者が乳児にむかって4種のしぐさを一定の間隔で繰返しやって見せる。それに対する乳児の反応がビデオに収録され，そのビデオを実験目的を知らされていない観察者が見て，乳児の動作を分類するよう求められた。その結果，4種のどれについても，乳児は実験者が示した動作と同じ動作で回答した回数が一番多かった。

2-1　音声言語発生の生物学的基盤

ゴリーを区別して知覚することが知られている（図2-5）。このことは，新生児が有声音と無声音とを聞き分けるメカニズム，音韻をカテゴリーの区別をして知覚するための何らかのメカニズムをもって誕生してくることを示唆している。しかも生後6カ月頃まではこの音素カテゴリー知覚能力は，どんな言語圏に生まれた乳児でも普遍であり，どんな言語音でも聞き分けたり発音したりできるように準備されている。しかしこの言語音への敏感性は特定の言語環境で生活するうちに減衰していき母語の音素の聞き分けに都合のよい音素の弁別能力だけに収斂する（アイマス，1985）。

2-2　コミュニケーション発生の生物学的基盤
●「生理的早産」の言語獲得における意義

　生理的に無能なまま生まれた乳児は社会的やりとりを引き出す能力には長けている。乳児は最初から人と物を区別し，表情や動作を真似し，言語音の種類を識別できる。これらの能力は，最初から乳児に備わっている。人は個々の身体によって互いに他者と隔てられている。しかし，同時に，個体内にこのような能力を備えることによって，他者と通じ合い共有するというしくみをもって誕生する。これは，乳児が周囲の大人との間で言語やジェスチャーを手段にしたコミュニケーションを速やかに成立させるのを支える基盤になっている。

　このように生理的早産は進化の矛盾を解消する以上の意味をもっている。進化の過程で手に入れた生物学的特性は，養育者との関係を媒介にして習得的要因に関係づけられ，ことば（音声言語）が発生する基盤になっているのである。このような個体発生の過程で音声言語が出現するメカニズムを図2-6に示した。

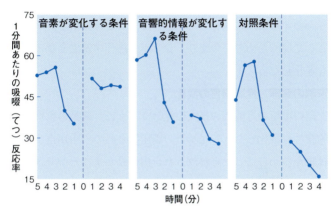

図2-5 乳児の音声知覚を調べる実験（アイマス，1985）

乳児に記録装置につないだ「おしゃぶり」を含ませておき，人形を映し出したスクリーンの上のスピーカーで合成音声の音節を聞かせた。乳児の反応は1分間あたりに「おしゃぶり」を吸う頻度（吸啜率）の変化に現れる。図にみられるように，特定の子音で始まる音節を繰返し提示すると，吸啜率は初めは増加するが，その音節に慣れてくると減少する。次に破線で示した時点で刺激音を変化させる。第1グループ（左）はそれまで聞かせたのとは異なる子音を聞かせた。この場合，吸啜率は急速に増大した。第2グループ（中央）では刺激音はそれまでの音と音響的に異なるが，音素としては同一の音を聞かせた。この場合は吸啜率に変化はみられなかった。同一の音を聞かせた対照グループ（右）では，やはり吸啜率に変化はみられなかった。これらの結果は乳児が子音の区別を知覚していることを示している。

● **中枢神経系の生理学的構造の進化**

中枢神経系はことばにかかわる末梢の器官を支配し，言語行動をつくりだす基礎を与える。手が物を操作し，大脳が進化すると，顔や手の筋肉をコントロールして，多彩な表情をつくりだすことができるようになる。また，発声器官と構音器官が協応して働くよう調整するように進化した。さらに，ことばを指示対象の代用品として使うための，つまり，シンボル操作の基礎となる象徴機能も進化した。

● **末梢の発声・発語器官の変化**

上記の中枢の可能性の拡大に見合うように，末梢の生理・解剖学的特性も変化した。二足歩行の副産物として，手が自由になり，口は物をつかむことから解放され自由に動かすことができるようになった。それに伴い口腔の解剖学的構造は発声や構音に都合がよいように変化した。口隅部の筋肉が複雑になり，口の開閉を速やかにした。ヒトに特有の笑筋は，表情を豊かにし，相手との感情の通い合いを容易にしてくれる。手は道具の操作に都合がよいだけでなく，身振りの手段となった。

2-3 コミュニケーション発生の社会的基盤

● **愛着――コミュニケーションの基盤**

共同注視，社会的参照などの行動の出現と，この行動の背後にあって，何かを別のもので代用して表象として頭の中にもつことができるようになる親子のやりとりは最初は非言語的なものである。それは視線の交差や見つめ合い，表情，身振りで自分の感情状態を示すことから始まるが，ことばが獲得されると声のピッチやイントネーションで気分や感情を表現するようになる。そのや

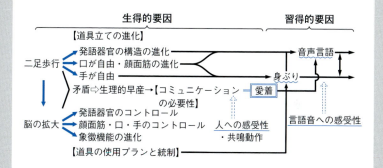

図 2-6 音声言語発生を支える要因（内田，1990）
愛着（attachment）は生得的要因と習得的要因の接点となる。

りとりを繰り返すうちに母子間には特別なつながりである愛着（attachment）が成立し，母子に特有なコミュニケーションパターンが形成されるようになる。

母子間に愛着が形成されたことの徴候は，母親が乳児のそばを離れようとすると「分離不安」を示すことである。伝統的学習理論では，なぜ分離不安が起こるのかについて「母親─快」，「母親不在─不快」という連合学習の原理によって説明した。母親は乳児が空腹だと授乳し，おむつが濡れれば取り替えてくれる。母親の存在は乳児の快適状態と結びついている。逆に，母親の不在は乳児のこれらの欲求を満たしてもらえないので不快である。乳児は母親が離れると不快を予期して不安になる，というのである。

● **分離不安の対象**

分離不安を示す相手は生みの母とは限らず，また実際に養育をしているかどうかはあまり問題ではなく，乳児と頻繁に社会的なやりとりをしてくれる人，乳児と遊んでくれる人である（Schaffer, 1971）。また，双生児の一方が麻疹にかかったため別室に移されているとき，両親が側にいるにもかかわらず，残された乳児は分離不安を示した（Bower, 1977）。また，第2次世界大戦中，強制収容所で生き延び奇跡的に救出された乳児が別の地域に養子に出され，他の子どもたちからひき離されたときに著しい分離不安を示したという報告もある（Freud & Dann, 1951）。

これらの事実は，分離不安は，養育行動による快適状況が奪われることへの予期によってもたらされるという連合学習のみでは説明できない。

● **愛着形成のコミュニケーション仮説**

バウアー（1977）は，伝統的な連合学習にかわって，「愛着形

表 2-2　愛着形成のコミュニケーション仮説（Bower, 1977 より）

● **愛着＝コミュニケーションの備性**
社会的相互交渉の中で乳児と母親の間に非言語的コミュニケーションのルーチンが形成される。それは，その母子間でのみ通じる。

● **7 カ月頃：母子間に精妙なルーチンを形成**
この時期に母に去られた乳児は？
　自分のメッセージを読解してくれない見知らぬ人（「同じことば」を話さない人）と取り残されることになる。
　　→　相互作用ができない　→　不安になる。

● **公共的なコミュニケーションの手段**
ことばの獲得　→　不安は低減するはずである。
⇒分離不安の先行研究をメタ分析した。

成のコミュニケーション仮説」（表2-2）を提唱した。乳児は人の声や表情に敏感で，周囲の大人と相互交渉する準備ができている。通常はこの相互交渉は母親との間でなされる。生後7カ月頃までには，それぞれの母子に特有の精妙な非言語的コミュニケーション・ルーチン（やりとりの手順）が形成される。このルーチンを共有しない人と共に取り残された乳児は，社会的やりとりができなくなる。乳児は母親との間にコミュニケーション・ルーチンを形成してしまったがゆえに，かえって孤立することになる。しかし，誰にでも通じる公共的なコミュニケーションの手段としてのことばを獲得すれば，不安ではなくなるだろう。

この仮説を確かめるために，バウアーは分離不安についての先行知見をメタ分析した。その結果，分離不安の強さは言語発達の変化の時期と対応していることが明らかになり（図2-7）仮説は支持された。分離不安は生後6カ月から2歳頃にピークとなり3歳頃に減衰する。この時期は母語の文法を獲得して，誰とでも会話ができるようになる時期でもある。5歳代に談話文法（物語文法）が獲得されると分離不安はほとんどなくなる。

ヒトとして誕生した乳児は，母親との社会的やりとり——非言語・言語的コミュニケーション——を通して愛着を形成し，母子の愛着関係を「安全基地」にして，対人関係を広げていくのである。

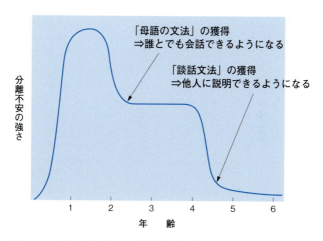

図2-7 分離不安の強さと言語発達の関係(Bower, 1977より改変)
言語発達に伴い分離不安は減衰する。

参考図書

ポルトマン,A.(1961).人間はどこまで動物か──新しい人間像のために── 岩波書店

　人間が進化の矛盾を解消するために生理的早産という出産のしくみを手に入れたことが理解できる。

内田伸子(2008).幼児心理学への招待［改訂版］──子どもの世界づくり── サイエンス社

　乳幼児期の発達について詳述した教科書・参考書である。

第1次認知革命 3
「図鑑型」・「物語型」：個性の芽生え

　乳児期の終わり，生後10カ月頃に「第1次認知革命」とよばれる，認知発達や社会性の発達において革命的な変化が起こる。まず，イメージ（表象）が誕生し，記憶や物理認識が始まり，乳児の意識の時間軸は，現在だけでなく過去にも拡大する。乳児の行動は過去の体験も組み込んで，表象活動として進化していく。

　この時期に，乳児―モノ，乳児―ヒトという「2項関係」が，乳児―人―事物の「3項関係」へと進化する。社会的やりとりを通して，自己意識が芽生える。外界認識や事物の操作に個人差がみられるようになる。また，物に関心がある「図鑑型」気質もしくは，人間関係に敏感な「物語型」気質は子どもの個性の核となり，子どもの行動や他人との社会的やりとりを左右する鍵となる。

3-1　第1次認知革命

　生後10カ月頃に認知発達に劇的な変化が起こる。イメージ（表象）が誕生するのである。これを境にして乳児はそれまでの認識の仕方をがらりと変え，知覚世界とは別のイメージを介在させて世界とかかわるようになる。内田（2007）は，生後10カ月頃の認知発達の変化を「第1次認知革命」とよんでいる（表3-1）。10カ月頃から大脳辺縁系の「海馬」と「扁桃体」（図3-1）がネットワーク化され，体験の記憶が蓄積されるようになる。環境変化を手がかりにして，蓄えた知識を想起し，知覚世界とは別の表象（イメージ）を描くようになる。物は見えなくなっても存在するという「物理認識（事物同一性の認識）」が始まる。

　10カ月頃の乳児をあやすとき大人はよく「イナイイナイバー」遊びをする。イメージが誕生した後はイナイイナイバーは子どもをあやすのに効果が大きい。母親が「イナイイナイ」と隠れても，乳児は頭の中に母親の顔のイメージを描くことができるので，母親の顔がきっとまた現れると予期し，緊張して母親の顔が現れるのを待っている。「バー」のかけ声とともに母親の顔が現れると，乳児の緊張はゆるみ，笑い声をたてる。このタイミングをさまざまに変えることで乳児の緊張を引き延ばして乳児の笑いを大きなものにすることができる。

● **自己意識の始まり**

　出生直後から乳児は内的状態を情動の表出によって身近な大人に知らせる。乳児は最初期から原初的な情動，恐れ（脅かす刺激が与えられたとき），怒り（行動を中断させられたとき），愛（気持ちをやわらげる刺激が与えられたとき）を表情や泣き声を伴わせて表出する（Watson, 1930）。

表3-1 第1次認知革命で起こる変化（生後10カ月頃）

1. 頭の中に起こる変化
(1) イメージの誕生
    見立て遊び，延滞模倣
(2) 記憶し，思い出せるようになる
    大脳辺縁系の海馬のネットワーク化
(3) 物理認識「事物同一性の認識」が始まる
    「モノは見えなくなっても存在する」という認識

2. 外から分かる変化
    「社会的参照」：他者に問い合わせる

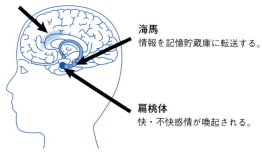

ワーキングメモリ
情報処理の制御と統括
→海馬を活性化する。

海馬
情報を記憶貯蔵庫に転送する。

扁桃体
快・不快感情が喚起される。

図3-1 記憶機能の神経学的基盤

乳児は欲求を情動表出によって他者に知らせ，そのサインを大人の側でも見分けて，乳児の欲求を代わってかなえようとする。乳児の側でも相手の行動や情動を知覚し，他者と相互作用することによって原初的な自己意識が芽生えてくる。これが「社会的自己」(Tomasello, 1995) の基礎になり，自己概念の成立へとつながっていく。板倉 (1998) は，1歳の誕生日を前にした乳児は，他の人が「心理的にどういう状態にあるのか」ということを理解し始め，その兆候として，「共同注視 (joint attention)」「社会的参照 (social referencing)」「模倣学習 (imitative learning)」をあげている。

● 共同注視

　他者理解の出発は，その人がどこを見ているかをとらえ，そこからその人が何に注意しているかを見きわめる (Scaife & Bruner, 1975) ことである。6カ月を過ぎる頃から乳児は他人の視線の変化に応じて自分の視線を変える (Butterworth, 1995) ことが知られている。これは「視覚的共同注視 (visual joint attention)」とよばれる現象であり，母子が同じ対象を見ることを指している。図3-2には，子どもと母親が同時に同じものを見る段階（共同注視）から，子どもと母親が時間をおいて同じものを一緒に見る「共同注意」にいたるまでの母子の視線の動きを模式的に示している。ブルーナー (Bruner, 1983) は共同注意の発達は，視線の共有から，「考えの共同注意 (ideational attention)」にいたるのではないかと推測した。その過程は，まず，他者を主体として，つまり人の行為を目標を達成するものとしてとらえ，次に，恣意的な記号が物事の関係を代表するものであることを理解するようになる。そして，それを想定しているこれら2つを統合し，周り

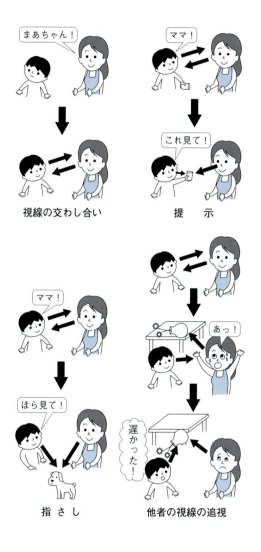

図 3-2　共同注意の発達過程のモデル図

の対象を表すように人は身振りやことばを使うのだということがわかるようになっていく。ことばが話せない1歳児であっても，人が何かを提示したときは見せようとしていることがわかるし，他者の注意を喚起するためには指さしや，音声を伴わせればよいことが次第にわかるようになっていく。これが言語の獲得の基盤を提供することになる。共同注意の成立によって初期の語彙の学習が起こるようになるのである。

　バロン=コーエン（Baron-Cohen, 1995）によれば，共同注意には，①人の視線を理解する，②指さしの方向を見て自分でも指さしができる，③物を他者に提示する，などが含まれているという。トマセロ（Tomasello, 1995）は，1歳代では，他者も自分と同じようなものとしてとらえているが，次第に，他人は自分と違うことをする人として認識するようになると指摘している。

● 記憶の発達

　記憶には広義の記憶と時間や場所と関連した記憶（狭義の記憶）がある（表3-2）。乳児の学習能力と学習したことを想起する能力は2カ月半〜12カ月にかけて発達する。ロヴィー=コリアーら（Rovee-Collier et al., 1980）は，「手がかり再生のパラダイム」を用いて生後3カ月の乳児の記憶能力についての実験を行った（表3-3）。ロヴィー=コリアーらは乳児の寝ているベッドの上の天井からモビールを下げ，そのモビールと乳児の足をひもで結びつけておくと，乳児はすぐに自分が足を蹴る動作（キック動作）をすることにより，モビールが回転するという因果関係がわかり，自分から何度もキック動作をしてモビールの回転を楽しむようになった。モビールの回転とキック動作の間に因果関係があることを乳児が学習したことを確かめた後で，1日後，2日後，3

表 3-2 記憶機能の発達

1. 記憶機能——2つの別個の記憶システム
(1) 広義の記憶……誕生時から
(2) 狭義の記憶……「エピソード記憶」
　　　＝特定の場所と時間における特定の出来事の記憶
2. 記憶の神経学的基盤——大脳の記憶を司る部位
(1) 扁桃体と海馬……生後 10 カ月からネットワーク化される
(2) 前頭野のワーキングメモリ（情報処理の統括と制御）
　　(1)と(2)のネットワーク化は 5 歳後半頃。
　　記憶はこれらの部位の発達過程と同じ軌道をすすむ。

表 3-3（1）　3 カ月の乳児の記憶能力の発達
(Rovee-Collier et al., 1980 より)

1. 方　法
反応指標……モビールを見てキック動作が増えるか。
実験計画……モビール（同一・異）×再生期間（1日・2日・3日・4日）
　　　　　　の 8 条件。
2. 参加者
満期出産の乳児 40 名（男 19 名，女 21 名）。平均 90.6 日（カ月）。
3. 手続き
オペラント条件づけ（cf. 古典的条件づけ）。
4. 訓練スケジュール（1 回 15 分）
3 分強化なし→9 分強化→3 分強化なし。
24 時間空けて 2 回訓練。強化＝モビールで遊ぶ。
5. 再生テストの期間
1～4 日（24h，48h，72h，96h）。
6. 再生テストの手続き
同一：訓練と同一のモビールを使用する場合。
異：訓練と異なるデザインのモビールを使用する場合。
- 再生の手がかり……足に紐で連結しないモビールを 3 分間提示。
　→乳児はモビールで楽しく遊んだ経験を想起できるか。
　（←→キック動作をするか）

日後，4日後に，モビールを手がかりにして乳児が学習したことを覚えているかどうかをテストした。乳児は訓練したときに使ったのと同じモビールであっても，異なるモビールであっても乳児は足をさかんに動かしてキック動作をした。このことから，3カ月児はモビールで楽しく遊んだ体験の記憶を4日間程度は保持していられることが明らかになった。

では乳児はいつまでモビールで遊んだ経験を覚えているだろうか？　ロヴィー＝コリアーら（Rovee-Collier et al., 1980）は，モビールの回転とキック動作に因果関係があることを学習させた1カ月後に，再生実験の前日に実験者がモビールを動かして見せて再学習させると，翌日の再生テストで乳児はモビールを見るとすぐに盛んにキック動作を行ったのである。これは，乳児が1カ月前に学習したことを活性化してやれば想起できることを示唆している。

● 社会的参照

生後10カ月過ぎの乳児は大人の反応に敏感で，環境変化に気づくと緊張して「あれなに？」というようないぶかしげな表情で他者に問い合わせる「社会的参照（social referencing）」（Campos & Stenberg, 1981）をする。

キャンポスらは「視覚的断崖装置」（図3-3）の端に乳児を座らせ，「対面型パラダイム」（図3-4）を用いて，対面に立っている母親にさまざまな表情をしてもらい，乳児がアクリル板を渡るかどうかを観察した。母親がおびえた表情をした場合，乳児全員が断崖を渡らず，母親が乳児に笑顔を見せると，19人中15人が渡った。母親が怒りの表情をしているときには乳児の11％が渡ったにすぎず，興味深げな表情をすると75％が危険がないと

表 3-3（2） 3カ月の乳児の記憶能力の発達
（Rovee-Collier et al., 1980 より）

---

7. 実験結果
(1) 条件（モビールが同じ過去となるか）の主効果は有意。
　　同一＞異（モビールのデザインが同じ場合にキック動作が増えた）
(2) 再生のインターバルの差は有意ではなかった。
　　←→ 4日間は記憶を保持していられる。
(3) 条件×セッションの交互作用は有意であった。
　　同一　S3＞S2，S1
　　異　　S2＞S1，S3
(4) インターバル×条件の交互作用は有意であった。
　　24/48/72h　同一＞異
　　（1，2，3日後，同じデザインのモビールがキック動作が多くなる。）
　　96h　　　　同一≒異
　　（4日後にはモビールのデザインの視覚的区別ができなくなる。）
【(4)の結果からいえること】
問：「乳児はモビールで楽しく遊んだ経験をいつまで覚えていられるか？」
答：乳児はモビールのデザインの視覚的な区別ができなくなる。

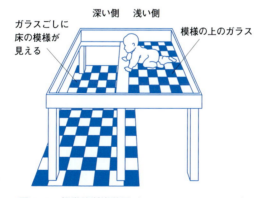

図 3-3　視覚的断崖装置（レスタック，1982 より）
乳児は厚いガラス板の上をはって母親のところまで行こうとする。ガラス板の下には格子模様が見える。ガラス板の半分から先は，板のすぐ下にではなく約1m下に模様がある。

判断した。また悲しそうな表情をすると32％の乳児が渡ったが，その表情は楽しそうではなかったという。また，見知らぬ人が部屋に入ってきたときに，母親がよそよそしく「こんにちは」と言ったときには8カ月半の乳児はほほえむのをやめ苛立ち始め，心拍数も増加して明らかに緊張している徴候を示した。母親が笑顔で挨拶して歓迎の身振りをしたときには乳児の心拍数は平常になり笑顔が戻った。このように，乳児は母親の表情に敏感に反応して自分の行動を調節していることがわかる。

3-2 個性の芽生え
●「図鑑型」の子ども vs.「物語型」の子ども

　向井（2003）は「斜並型パラダイム」（図3-4）を用いて社会的参照の行動の出現条件を調べた。18カ月の乳児と母親にプレイルームで遊んでもらい，慣れたところで乳児が見たこともない「イヌ型ロボット」を提示した。すると30名の乳児のうち12名は社会的参照を行ったが，残りの18名は母親の表情を確認することはなく，目はイヌ型ロボットに釘づけであった。中にはイヌ型ロボットがなぜ動くのかを知ろうとするかのように興味深そうに近づいて観察する子どももいた。その後，同様の手続きで別の子どもたちを対象に12カ月と18カ月の時点で縦断実験を行った。12カ月のときに母親への社会的参照行動をしなかった子どもは18カ月でも同様であった（内田・向井，2008）。子どもの発話語彙や好きな絵本や遊びを調べたところ，社会的参照を示しやすい子どもたちは「こんにちは」「バイバイ」などの挨拶のことばや「おいちいね」「きれいね」のような感情表現語が多く，ままごとや生活絵本を好むので「物語型」と名づけた。一方，イヌ型ロボ

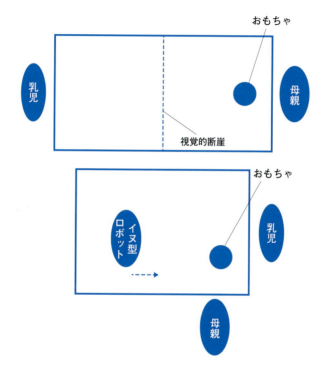

図3-4 キャンポス (Campos, J.) による「対面型パラダイム」(上) と内田・向井による「斜並型パラダイム」(下) (内田, 2007より)

ットから目を離さなかった子どもたちの語彙は名詞がほとんどで，5％は「おっこちた」「なくなっちゃった」「ピーポピーポって言ってる」など動詞を話すことがわかった。この子たちはモノやモノの変化，動きや因果的成り立ちに注意がひかれるタイプであり，プラレールや乗り物図鑑が好きであったので「図鑑型」と命名した（図 3-5）。母親たちのことばかけも，乳児の気質（対人対物システム）の特徴に合わせて調整されていた。

このように，乳児は他人の感情を手がかりにして自分の行動を調整している。親の側でも子どもの個性や気質に敏感で，子どもに合わせてことばかけや働きかけを自然に調節している点も興味深い。

● 男の子は「図鑑型」・女の子は「物語型」

この実験では図鑑型気質は男児に多く，物語型気質は女児に多いことが明らかになった。気質の性差は，知能テストの得意分野の違いにも表れる。女児は言語発達が早く，発音が明瞭である。手先も器用である。時系列処理を必要とする代数課題の成績も高い。一方，男児は心的回転課題の成績が高く，複雑なジグソーパズルも難なく解決し，ダーツ課題も得意である。得意分野に性差があるのは，脳の成熟に性差があるためである。

誕生直後の女児は大脳の成熟度が高く，特に言語を司る左脳の成熟度が高い。男児は全体的に脳が未成熟で左脳と右脳の成熟度に違いがみられない。将来男子になる受精卵には受胎後 18 週目頃に男性ホルモン（テストステロン）が分泌され男性になるための準備が行われ，成長ホルモンが抑制されるため，男児は女児に比べて全体的に大脳の発達が遅れ，身長や体重の成長も遅れるのである（Geschwind & Galaburda, 1987）。女性を 100 としたとき

「気質」(対人対物システム)……個性

38名 ➡ 男児 80%

[95% が名詞 / 5%が動詞] ➡「図鑑型」
モノの因果的成り立ちに敏感

62名 ➡ 女児 80%

[60% が挨拶, 感情表現語 / 40%は名詞] ➡「物語型」
人間関係に敏感

図 3-5 「図鑑型」vs.「物語型」(内田・向井, 2008)

表 3-4 生存率からみた被損傷性の性差
(Geschwind & Galaburda (Eds.), 1988)

年　齢	比　率 男性：女性
妊娠	120：100
誕生	106：100
18歳	100：100
50歳	95：100
67歳	70：100
87歳	50：100
100歳	21：100

男児は遺伝病にかかりやすく, 環境ストレスに弱い。
女児のほうが打たれ強い。

の男性の生存率（表3-4）は，どの年齢でも低くなっている。これは，男性は傷つきやすく，環境ストレスへの耐性も低いためであろう。

3-3 社会的コミュニケーション
● コミュニケーションパターンの形成

文化人類学者のコーディルとヴァインスタイン（Caudill & Weinstein, 1969）は日米の母親の育児スタイルを観察し，生後3, 4カ月の乳児とその母親との間に母子特有のコミュニケーションのスタイルが成立していることを報告している。彼らは日米の中産階級の家庭各30組を対象にタイムサンプリング法を用いて母子相互交渉を観察した（表3-5）。乳児の世話の内容や世話にかける時間は日米に差はみられない。しかし，アメリカの母親は乳児への働きかけが活発で，乳児が理解できると思っているかのように盛んにことばをかける。乳児が目覚めているときには乳児の反応に素早く応ずるが，眠っているときには別室で別の仕事をする。日本の母親は，乳児が目覚めているときにはおんぶしたり抱いたり静かにあやすなどして身体接触を重視しているような働きかけが多く，ことばかけは少ない。眠っているときにも絶えず身体接触をし，せっかく眠りかけた乳児を起こしてしまいがちで，乳児もむずかり声が多い。アメリカの乳児は母親の積極的な働きかけに呼応するように，盛んに機嫌のよい発声をする。また，身体を活発に動かし，よく遊ぶ。これらのコミュニケーションパターンの違いは，日米の行動様式のステレオタイプの違い，自己主張が強く積極的なアメリカ人と，白黒をはっきりさせない日本人という国民的パーソナリティの違いとなんらかの形で関連してい

表3-5　母子相互交渉の日米比較研究 (Caudill & Weinstein, 1969)

1. 調査対象地域
日本：東京と京都。
アメリカ：ワシントン郊外とロスアンゼルス。
2. 対象年齢（1962年，1964年，1967年）
3, 4カ月児。日米各30ケース。
→2歳半児（1964年）20ケース→6歳児（1967年）20ケース縦断追跡調査。
3. 観察法：「タイムサンプリング法」
1日目午前9時30分～正午まで，2日目午後1時30分～4時まで，合計5時間。
15秒ごとに1回チェックリストにチェックする→1分間に4回チェック（5分休憩）。
これを2時間半繰り返す→合計1時間40分（100分），計400回チェック。
これを2日間繰り返す→総計800回チェック。
4. チェックリストのカテゴリー
【乳児の行動のカテゴリー（12項目）】
①目覚めている，②哺乳（母乳・人工乳），③食事（固形物），④指すい or ⑤おしゃぶり，発話（⑥ Unhappy or ⑦ Happy Vocalization），活動性（⑧活動的か⑨不活発か），遊び（⑩おもちゃで・⑪手遊び・⑫他の物で）。
【母親の行動カテゴリー（15項目）】
①乳児と同室にいるか，②食事の世話，③おむつかえ，④衣服の着脱の世話，⑤乳児の位置の変更，⑥乳児をなだめたり，寝かしつけるため乳児の身体に触れたり軽く叩いたりする，⑦その他の養育行動，⑧乳児と遊ぶ，⑨愛情表現（キスや⑩ほおずり），⑪乳児を見つめる，⑫乳児への話しかけ（ハミングや歌），⑬乳児への話しかけ（語りかけ），⑭腕に抱っこしている，⑮前後にゆすっている。
5. 結　果
【日米で差のなかった項目】
乳児について……①乳児が目覚めている時間，②乳児が飲んだり他の食べ物を摂取している時間。
母親について……①母親が乳児の側にいる時間，②母親が乳児の側から離れている時間。
　　　　　　　　→日本の母親も乳児につきっきりではない
　　　　　　　　③授乳にかける時間，④おしめや衣服着脱に費やす時間。

るかもしれないと推測される。

ファーナルドとモリカワ（Fernald & Morikawa, 1993）は日米の母子30組（6, 12, 19カ月児とその母各10組）の相互交渉を観察した。子どもにとって新奇なぬいぐるみや車などのおもちゃを導入したときの母子相互交渉を育児語（motherese）の観点から比較すると，アメリカの母親は子どもの注意を対象のラベルに向かわせ，ことばを教えることに重きをおいているかのように「これは何？」「これはイヌね」というように，対象の名称を慣用語で繰返し発話する。これに対して日本の母親は社会的ルーチンや情緒的コミュニケーションに重きをおいているかのように「わんわんね，こんにちはって。かわいかわいしてね」というようなことばをかけ，擬態語，擬声語も多用するという。

以上のように，日米いずれも，その育児スタイルは60年代と90年代で変化していると思われるにもかかわらず，母子相互交渉のコミュニケーションパターンは日米で一貫した違いがみられたのは興味深い。おそらく個々の母子を詳細にみれば，その相互交渉にそれぞれの母子に特有なコミュニケーションパターンが形成されていくのである。

● **社会的やりとりとことばの獲得**

内田と秦野（1978）は生後1カ月から月に1度，人手の少ない乳児院，多い乳児院，家庭児（長子）各2名ずつ，午前・午後合わせて5時間あたりの身振り語の出現頻度を比較した。身振り語の初出時期は7, 8カ月で環境差はみられないが，その後，要求を伝達する身振り語が増えていくかどうかは環境によって違いがある（図3-6）。家庭児と人手の少ない乳児院では，共に身振りの出現頻度が低いが，このことの意味は異なっているようである。

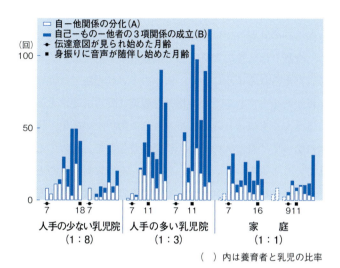

( ) 内は養育者と乳児の比率

図 3-6　乳児の身振り語の生起頻度（内田・秦野, 1978）

午前2時間半，午後2時間半，計5時間での生起頻度を示す。身振り行動の分類基準は以下の通りである。

A．自一他の分化の見られる場合
　対物：「拒否」（口からはき出す，手で払いのける）
　　　　「要求」（目の前のものに手を伸ばして取ろうとする）
　対人：「あいさつ，返事」（おじぎ，うなずき）
　　　　「注意喚起」（手をあげたり衣服を引っぱる）
　　　　「抱っこせがみ」（両手を前方に突き出したりその姿勢で身体を上下にゆすったりする）

B．自己―事物―他人の3項関係が成立している場合
「要求」（他人に事物を取ってほしい）
「指示」（事物をさして他人にその存在を知らせようとする＝叙述・指示的機能）
「提示」（他人に事物を提示して知らせる＝叙述・報告的機能）
「わたす」（事物を他人にわたす）
「拒否」（他人から自分の持っているものを見られないように後ろ手にかくしたり，取りあげたりするなど否定意図を示す）

家庭児の場合は，母親が乳児の状態に絶えず注意を払い，子どもの要求にも敏感に応じるため身振りを必要とする場面が少ない。複数保母制の乳児院では乳児が身振りをしても保母が気づかないため，身振りは伝達の道具としての機能が果たせない。そこで，次第に抑えられるようになる。人手の多い乳児院では乳児の反応に保母が応えてくれるため身振りを頻繁に使って要求を表現する。

　ほほえんでもほほえみ返してくれる人のいない乳児，笑っても一緒に笑ってくれる人のいない乳児，身振りをしかけてもそれに応えてくれる人のいない乳児，さらに，発声に対してことばを返してくれる人のいない乳児は，知的にも社会的にも順調な発達を遂げることはできない。彼らは，人と意思を疎通させたいと願い，ことばを手段として人とやりとりする準備が十分にできているのに，その能力を開花させる機会を奪われてしまうのである。

参 考 図 書

内田伸子（編）（2008）．よくわかる乳幼児心理学　ミネルヴァ書房
　乳幼児期の発達について100項目に分けてわかりやすく解説された入門書である。

内田伸子・坂元　章（編著）（2007）．リスク社会を生き抜くコミュニケーション力　金子書房
　乳児期から成人までのコミュニケーションの発達について解説してある。

ピーズ，A.・ピーズ，B.（2002）．話を聞かない男，地図が読めない女――男脳・女脳が「謎」を解く――　主婦の友社
　男女の得意・不得意は何に起因しているのかを，大脳成熟の性差に関連させてわかりやすく解説している。

ことばの獲得
ことばを覚えるしくみ

　言語は物理的世界についての認識と人間的世界での発達を橋渡しするものである。コミュニケーションの手段は言語に限られているわけではないが，人間の言語はその柔軟性と及ぶ範囲からみて，他に比較するものがないといってよい。また，言語は思考，認知，情動などの諸機能と関わり，人の行動を支配するものとなる。本章では，ことばはどのように獲得されるのか，ことばを覚えるしくみはどのようなものか，ことばの獲得は他の行動の獲得と同じか否か，といったような問題をめぐって考察をすすめる。

4-1 言語獲得の生得的な制約

●言語獲得は生得的か

　人間の言語は複雑である。にもかかわらず、世界中の普通の子どもは生後5，6年という短期間のうちに、母語の流暢な話し手になってしまう。複雑な言語の体系をこのような短い期間で獲得してしまうことは驚異であり、他の認知技能の獲得とは違った、言語獲得に固有な獲得過程があるということをうかがわせる。また、母語の話者になるのに、特別な訓練を必要とするわけではなく、通常の社会的なやりとりに参加できる環境さえ保障されていれば、どの子どもも一定の順序で、同じような一連の段階を経て言語を獲得していく。

　文法規則の獲得に限っていえば合理的で一貫した規則を短期間で身につけ、しかもそれらの規則が使えるようになっていく順序はどの子どももだいたい同じである。子どもが理想的な順序で言語のモデルを提供する環境に住んでいるとしたら、子どもの言語獲得の順序に規則性があるのは環境が提供する言語刺激と子どもの経験が一様であるからだといえよう。しかし、世界中いたるところで理想的な順に言語刺激が与えられるとは思えない。実際には、経験によって獲得できるものには限度がある。そうだとすれば、言語獲得に規則性があるのは、成熟の生物学的な過程が規則的に生ずるためであると推測される。

●「ことばの生得性」を証明できるか

　言語が経験によって習得されるのか、そもそも、言語を話すように生得的に仕組まれているのかを直接証明することはできない。これを直接証明するには、「剥奪実験」、すなわち言語刺激をまったく与えずに子どもを育てて、その子どもの言語獲得状況を調べ

図 4-1 プラスチック語を読解するサラ（Premack & Premack, 1972）
チンパンジーのサラは,「サラは, 手おけにリンゴを入れ, 皿にバナナを入れる」というボードに記されたメッセージを読んだあと, 正しくメッセージ通りの行動をした。このメッセージを理解するには,「リンゴ―手おけ」,「バナナ―皿」の対をつくり出す文の構造がわかっていなくてはならない。

るという,人道上許されないやり方しかないからである。

しかし,言語は人間という種に固有であり,獲得のメカニズムは他の行動の学習とは異なっているということを間接的に支持する証拠はある。

● 神経系の成熟との関連性

まず,言語発達は神経系の成熟と関係していることを示唆する証拠がある。

これまで,類人猿に「言語」を教えようとする試みが多くなされてきた。大人のチンパンジーやゴリラは人間の幼児の3,4歳に匹敵する知能がある。しかし,彼らに音声言語を獲得させることはできない。また,プラスチック語(プラスチック製のボードを用いた合成語)や図形語を習得することはある程度可能であっても(図4-1),きわめて周到な訓練プログラムに従って訓練者がかかりっきりにならないと言語を学習させることは難しく,2歳児レベルに留まっている(Topic (p.59))。

これとは対照的に人間は他人とやりとりできる環境さえあれば5歳までには母語話者の達人になってしまう。

● 訓練・強化・模倣が果たす役割

言語獲得においては,「訓練」「強化」「模倣」という一般的な行動の学習を説明する概念が果たす役割はとても小さい。

1. 訓練の効果……双生児はいつも一緒にいて,2人の間だけで通用するような個人的な身振り語で通じ合っているため,言語発達が遅れることが多い。ルリアとユドヴィッチ(Luria & Yudovich, 1959)は,言語発達の遅れた双生児(4歳児)を引き離し,それぞれを別々のクラスに入れて,双子同士で通じ合っていた身振り語を使えないようにした。新しい仲間と遊ぶためには,

Topic　チンパンジーとの会話

Roger：What is that?

Lucy　：Lucy not know.

Roger：You do know. What is that?

Lucy　：Dirty, dirty.*

Roger：Whose dirty, dirty?

Lucy　：Sue's.

Roger：It's not Sue's. Whose is it?

Lucy　：Roger's.

Roger：No! It's not Roger's. Whose is it?

Lucy　：Lucy dirty, dirty. Sorry Lucy.

＊dirtyは「糞」を意味している（浅見・岡野，1980）。

Roger（研究者のRoger Fouts）はLucyというチンパンジーに北米の手話を訓練した。Rogerが訓練を開始する少し前に，誰も見ていないところでLucyが居間のまんなかに糞をしてしまったときの会話である。

自分の糞ではなくて，仲間のチンパンジーのSueのものだとうそをついている。それが否定されると，こんどは，会話の相手のRogerのものだと言ってしまう。最後は，うそがばれてあやまっているのである。

この会話は，チンパンジーが都合が悪いときに「うそ」をつくこと，またあやまったということは原始的であっても，「よい」「悪い」の概念をもったということを示唆している。

ことばで相手に伝えなくてはならない。このような状況で，2人は少しずつことばを獲得していった。さらに，双子のうち1人には，正しい文法で話す特別な「言語訓練プログラム」を実施した。他方の子どもには言語訓練を行わなかった。その結果，受けた子どものほうが短期的には効果が上がったものの，10カ月もすると2人の差は解消された。

　カズデン（Cazden, 1965）は，デイケアセンターにいる労働者階級の2歳半児を対象にして，幼児が「電文体」（助詞のない電報文のような文）の発話を行うと，それに省略されていると思われる単語を付加して完全な文にして繰り返してやるという「拡張法」訓練を行ったが訓練の効果は上がらず，何も訓練しない統制群と差はなかった。

2. **強化の役割**……子どもの発話に対する承認や禁止のことばは，一種の「強化」と考えられるが，この強化も文法の獲得には無関連であった。親は子どものメッセージの意味内容を聞いているのであって，文法（言語形式）に注意しているわけではない（Topic(p.61)）。

3. **模倣の影響**……子どもは結局は周囲の人々が話すことばを話すようになるので，確かに「模倣」の役割は大きい。しかし，文法の獲得という面では模倣は何の役割も果たしていない。もし，模倣によって新しい言語形式を習得するのなら，模倣は漸進的に生ずるはずである。子どもは自分が使う言語形式よりも，一段と進んだ段階の表現を真似するはずだが，子どもが模倣した発話の文法の成熟度を調べると，彼らの日常の自発的な発話の文法の成熟度と同じか，より低かった（Ervin-Tripp, 1964）。自分自身が発話した表現を繰り返させようとしても，複雑な文だと逐語的に反

Topic 母親はどんなときに承認(強化)をあたえるか

Aタイプ:承認をあたえるのは発話の意味内容に対してである。
(1) Adam(子ども) : Draw a boot paper.
    Adam の母親   : That's right. Draw a boot on the paper.
(2) Eve(子ども)   : Mama isn't boy, he a girl.
    Eve の母親   : That's right.
(3) Sarah(子ども) : Her curl my hair.
    Sarah の母親   : Um hmm.

Bタイプ:承認をあたえない場合は内容的に不的確な場合である。
(4) Adam(子ども) : And Walt Disney comes on Tuesday.
    Adam の母親   : No, he does not.
(5) Eve(子ども)   : What the guy idea.
    Eve の母親   : No, that's not right. Wise idea.
(6) Sarah(子ども) : There's the animal farmhouse.
    Sarah の母親   : No, that's a lighthouse.

Cタイプ:文法の訓練をする場合もあるが,訓練の効果はない。
(7) 子ども : Nobody don't like me.
    母親   : No, say nobody like<u>s</u> me.
    子ども : Nobody don't like me.
    (同じやり取りが8回繰り返される)
    母親   : No, now listen carefully;say "<u>nobody likes me</u>."
    子ども : Oh! Nobody don't like<u>s</u> me.

Aタイプの(1)(2)(3)の発話のいずれもが文法的には不的確な文である。にも関わらず,母親は発話内容に対して承認している。このように,母親は文法に注意を払っているのではなく,その発話が文脈に適合しているかどうかに注意を払っているのである。

Bタイプは,Aと対照的に,子どもは文法的に的確な発話をしている。しかし,母親は,内容的に正しくない発話なら,不承認をあたえる。だからといって,子どもは,文法が訂正されたとは思わないのである。

では,母親は文法的に不的確な文をまったく訂正しないかというとCタイプのようなやり取りも観察されている。しかし,いくら母親が,まるで日本の英語教師のように否定主語の動詞は肯定形にするということを教え込もうとしても,子どもには通じず,「あっそうか!」と言っていながら,実際には母親が意図しているようには直してくれていないのである。このような「訓練」が功を奏さない例でもある(ここに用いた発話例は,Brown, R. の資料から大津(1989)が取り出したものに基づいて作成した)。

復させるのは難しい。また子どもが別のことに注意しているときには，どんなに単純な構文でも繰り返すことはできないのである（Topic（p.63））。

4-2　発音や文法の獲得
●統語規則の獲得の開始

初めの1年はコミュニケーションと発声は別々の経路ですすんでいくが，2年目に入るとこれらの流れは1つになっていく。初期の1語発話はさまざまな意味をもつ。「ママ」が「ママがいる」「ママきてちょうだい」だったり，「マンマ（食べ物）ほしい」であったりする。そこで，1語発話の時期を「1語文期」とよぶ場合もある。

2語文は15～18カ月で現れ，初めは2語の間に短い休止があるが次第になめらかに続けて発音できるようになる。平均発話長（文が平均何語か）は言語発達の指標となる。

日本語では助詞の習得が問題となる。助詞を口にするのは早い子どもで1歳後半，多くの子どもは2歳代である。2歳代で，「わんわんガいたよ」「パパノかばん」「ママハおっきした。ぼくモおっきした」などと正しく使えるというのは，場面状況への直観が働いて，出来事の関係や物の所属関係などを理解し始めるからである。

助詞の習得順序は，「わんわんヨ」というような終助詞，「ぼくガもってきた」のような格助詞，「ソイデ」というような接続助詞，一番遅れるのが「すこしグライ」「ちょっとシカ」「ぼくデモ」のような副助詞である。

大人の表現にはけっしてみられない「しろいノお花」「きれい

Topic 自分の発話でも模倣できない

1. 29カ月の男児が食事のとき次のように発話した。

   "If you finish your eggs all up, Daddy,
   you can have your coffee, Daddy."

   (卵食べちゃったら，パパ，コーヒー飲んでもいいよ。)

2. 直後に「いま言ったこと，もう1度言ってごらん」と言われたら，次のように言った。

   "After you finish your eggs all up
   then you can have your coffee, Daddy."

   (卵ぜんぶ食べちゃったあとでコーヒー飲んでもいいよ，パパ。)

3. 10分後，子どもが別のことに興味をもっているときに，自分が最初に言ったはずの1の文を聞かされて，まねするように言われると次のように言った。

   "You can have coffee, Daddy, after."

   (コーヒー飲んでいいよ，パパ，あとで。)

   自分の発話でも文脈が適切でないと，模倣に失敗する。

   子どもがうまく模倣できないのは，子どもがそのとき言いたいと思ったり，伝達したい内容にピッタリの表現を模倣するように言われるわけではないからだということを示唆する例である。また，模倣が話すことを学習するのに有効な方法ではないということも物語っている（発話例は，Miller, 1981）。

なノお花（きれいなお花）」のような誤用もする。2つのことばの間に「ノ」を付ける誤用は短いと2, 3日でなくなるが、長いと10カ月以上も誤用し続ける子どももいる。「は」と「が」の使い分けは幼児期の終わりまでに習得される。

● **自発的な規則の生成**

　文法は大人の発話を模倣することによって獲得されるのではない。大人の発話にない誤用例は文法獲得初期からたくさんある。ある男児は1歳2カ月頃から降りるときも上るときもすべて「のんの」1語で表現していた。母親は状況を手がかりにどちらを望んでいるかを理解し、これを修正することはなかったが、1歳5カ月で初めて降りるときに「おんり」と正しく使い、以後間違えることはなかったという。この例は子どもが会話する中で文法規則を発見し、生活世界で生成しながら習得することを示唆している。

4-3　語の意味の獲得

● **ことばの意味の広がり——「般用」**

　有意味語を獲得する過程に生ずる「般用」という現象がある。般用とは自分の手持ちのことばで名前を知らない対象を呼ぶ現象を指している。2歳児が海岸でウニを見つけたとき、「ボール」と指さしたが触ろうとはしなかった。ボールとウニの共通特徴を見つけたが、同時に差異も知覚したということを示唆している（ヘッブ，1975）。この現象は、語彙を拡大するときの原則の一つを示しているだけでなく、私たちの心が、新しい情報を古い、既知の情報に関連づけて導入するという傾向をもっており、私たちが住む世界について知覚し、学び、考える一つのやり方、いわゆ

表 4-1（1） 「ニャンニャン」の記号化と意味の般用の過程
（Okamoto, 1962 を参考に作成）

段階	年月	N児の「発声」と（対象または状況）	発声行動の特徴
1	0：7	「ニャンニャン」「ニャーン」（快適状態での喃語）	哺乳とか熟睡の後，気分が快適な状態であるとき（生理的要求が満たされたとき）「ニャーン」または「ニャンニャン」が喃語として反復される。
2	0：8	「ニャンニャン」「ナンナン」（珍しいものやうれしいものを見つけて喜んで）（種々の対象に対して）	「ニャンニャン」または「ナンナン」を自分の注意を引きつける嬉しいモノや新奇なモノ（好きなおもちゃや美しい箱など）を見つけた際の喜びやそれをつかみたい要求の表出として発し始める。内的状態の表出であるという点では第1段階のそれと同じ。しかし，音声が外的な対象（いまだ特定のモノとは結びつかず，いろいろ多様なモノではあるが）によって引き起こされている点が重要。
3	0：9	「ニャンニャン」 （桃太郎絵本の白犬）←（白毛の玩具のスピッツ）	特定の音声ニャンニャンが自分が前から愛玩していた「玩具の白い毛製のスピッツ」と「桃太郎の絵本の中の白い犬」という特定対象に結びつけられる。
4	0：10 0：11 1：0	「ニャンニャン」 （動物のスピッツ）　（白毛のパフ）→（紐のふさ（黒）） 　　　　　　　　　　（白い毛糸・毛布）←（白い壁） （猫）←（犬一般）　　（白毛のついた靴） （虎）（ライオン）（白熊）	「ニャンニャン」の移調的般用が開始され，再び種々の対象や状況に対して発声される。すなわち玩具のニャンニャンは，スピッツから四足獣一般への般化方向と，スピッツの毛の材質を基礎とした般化方向へと拡大される。

4-3 語の意味の獲得

る帰納的なやり方，類推の仕方を反映しているのである。

「ニャンニャン」という語が記号として成立し，般用され，限定されていく過程（表4-1）（Okamoto, 1962）をみてみよう。第3段階で「ニャンニャン」が特定の対象に結びつけられるようになった後，第4段階で，ニャンニャンが四足獣一般と毛の材質へという2つの共通特徴に基づいて般用されるようになる。自発的・選択的に抽出した類似性に従って，子どもに般用が生じている点で，ことばの原型を見出すことができる。第5段階で「ニャンニャン」で一括していた対象の個々の名前が獲得されることにより「ニャンニャン」の使用範囲が限定される。前段階で共通特徴をもつさまざまな対象にこの音声を般用したという経験を繰り返したことによって，子どもは次第に自分の音声を外界を表現する手段に用いるという基本的な言語的「構え（set）」を獲得し，自分の音声と外界との代表的対応関係を発見したのであろう（岡本，1982）。

● 語彙の獲得

語彙の獲得も急速に起こる。生後16～20カ月にかけて，語彙爆発とよばれる時期がある。この時期に語彙が爆発的に増える。平均的な知能の6歳児は新しい語を1日に約22語を習得する（Miller, 1981）。親は子どもにこんなにたくさんの語彙を話してきかせることはない。子どもは，周りの大人や仲間と言語的なやりとりをし，テレビを見たり絵本を読み聞かせられたりする中で自分の興味や関心のあることばをどんどん吸収していくのであろう。

あることばの背景にはそれぞれの語が表す対象の像を表示するだけでなく，それが関連している非常に豊富な諸結合や諸関係を

表 4-1 (2) 「ニャンニャン」の記号化と意味の般用の過程
(Okamoto, 1962を参考に作成)

5	1：1	「ナーン」(猫) 「ナンナン」(犬) 「モー」(牛)		成人語を含む種々の動物や乗り物の名前が使用できるようになり「ニャンニャン」の使用範囲は縮小され、スピッツの毛の材質的類同性の系統に限定される。
	1：2	「ドン」(自宅の犬の名ロン)	⇩	
	1：4	「ゾー」(象)		
	1：5	「バンビンチャン」(バンビー) 「ウンマ」(馬)		
	1：6	「グンチャン」(熊)		
6		「クロニャンニャン」(黒白ブチの犬) 「ネコ」(猫) 「ワンワン」(犬) 「オーキニャンニャン」(大きい白犬)	「ニャンニャングック」(白毛の靴)	二語文使用が始まり、「ニャンニャン」の四足的類同性の系統は対象表示的機能をもち、材質的類同性の系統は状態表示機能をもつようになる。
	1：7			
	1：8	「クマニャンニャン」(ぬいぐるみの熊) 「シュピッツ」(実物のスピッツ) 「ブチ」(近所のスピッツの名)	「ニャンニャンチョッキ」(白毛糸のチョッキ)	
7	1：9	「<u>ブチ</u>ノヤネ<u>ブチ</u>ニアゲルワ」(ブチのだからブチにやろう―白毛の靴を持って)		ここでは「ニャンニャン」はほとんど姿を消し、それに代わって慣用語「ワンワン」が理解・使用両面で記号として用いられ、実物が目の前に存在しない場面でも、語として働き、会話の中で完全に言語的伝達の役割を果たすようになる。
	1：10	「<u>ワンワン</u>デショウ」(戸外の犬の鳴声を聞いて)		
	1：11	「オーキイ<u>ワンワンワンワンユワヘンワ</u>」*(大きい犬が鳴かずに通るのを見て)		
		(隣人よりケーキをもらって) N児「ダレガクレタノ？」 母「しのはらさん」 N児「ワンワンイルシノハラサン？」	(絵本のロバをさして) N児「コレ ナニウマ？」 母「ろばさん」 N児「ロバウマ？」**	

* 大きな犬が鳴かずに通るのを見ながらおどけた調子で発話した。ユーモア表現として発話されているのに注意していただきたい。
** ことばは知識を増やす道具として機能している。相手の回答を「ナニ」に置き換えて「ロバウマ」と発話している。知識が階層構造化されていることを示唆する会話である。

も含み込んでいる。たとえば「イヌ」ということばを使うときには、イヌそのものの対象の特徴を表象としてもつだけでなく、それと並列的な「ネコ」「ウマ」「ウシ」「ブタ」など"家畜"や"哺乳動物"などの表象と並列させることになる。これは、語の使い手の概念の広がりが広いほど豊富な表象が含まれ、ことばを習得したときの文脈から喚起される情動的経験――"快適な""暖かな""可愛い"なども意味の中に含まれる。ことばの意味は複雑である。

● 「ガヴァガーイ問題」を解決するための制約

　子どもはことばの意味をどうやって知るのであろうか？　ある伝統社会の原住民がウサギを見たときに、「ガヴァガーイ」という音声を発した。その発声は「ウサギ」全体を指しているのかもしれないし、「長い耳」を指しているのかもしれない。ことばの意味を絞り込む制約として以下のものがある。

1. 事物全体制約（whole object bias）……子どもが未知のことばを聞いたとき、それは事物の部分や属性ではなく、事物の全体を指示すると想定する（Markman & Wachtel, 1988）。

2. 相互排他性制約（mutual exclusivity bias）……未知のことばは基礎レベルのカテゴリーの名前であり、1つの事物は1つの名前しかもたないと解釈するものである（針生, 1991）。

3. 分類学的（カテゴリー）制約（taxonomic bias）……子どもは未知のことばを聞いたとき、1つの指示対象に限定されるのではなく、その事物が属するカテゴリーを指示するものと仮定する（Markman & Hutchinson, 1984）。

4. 形状類似バイアス（shape bias）……イヌとネコが仲間であると判断するには経験が必要である。経験の少ない言語獲得初期

(a) 標準刺激

(b) 連想刺激　　　(c) カテゴリー刺激　　　(d) 形状刺激

図 4-2　**実験で用いられた材料例**（内田・今井，1996）

の子どもが語の意味を推測するときには，最初は目に見える形や色，触ったときの感触などを手がかりにして語意を推測する（Clark, 1973；Gentner, 1982）。

連想次元・知覚的次元・分類学的次元を分けた刺激（図 4-2）を用いて分類実験を行うと，アメリカ人の 3 歳児，5 歳児とも知覚的次元での選択が多く，日本人は低年齢ほど知覚的次元での選択が多く，加齢に応じて分類学的カテゴリー次元での選択が増えていくことが確認された。また，形状に注目すると想定される助数詞群では加齢に応じて知覚的次元による分類が増えた。薄くて平らな対象物は「枚」をつけ，細長い対象物は「本」をつける，動物でも大きいものは「匹」でなくて「頭」というように，子どもが 5 歳後半までに獲得する助数詞の付与ルールは，知覚的次元に基づくものが多く，5 歳代では形状に注目するようになる（図 4-3；内田・今井，1996；Uchida & Imai, 1999）。

以上から，語彙獲得初期には「形状類似バイアス」が制約として働いており，知識や経験が増えるに従い次第に概念的類似性や連想関係で語の意味を推論するようになるのである。

● **生活世界における経験の役割**

子どもが獲得する言語は，生後一定期間にふれる言語経験によって決まるということ事実は，言語獲得に経験や学習が決定的な役割を果たしていることを示している。

日本語においては生物助数詞のカテゴリーを形成するためには経験が不可欠である。助数詞のカテゴリーの境界は曖昧な放射状のカテゴリー（Lakoff, 1987）になりがちである。典型事例（例：鉛筆は「本」）の基準ははっきりしているが，非典型事例（例：ホームランや電話の通話も「本」）の基準は慣用的であり，大

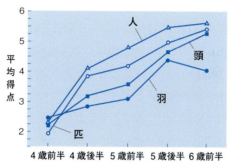

図 4-3 日本人の幼児（6点満点）の助数詞の獲得過程
（内田・今井, 1996 より）

人でもなぜそのカテゴリーに入るのかについて説明することは難しい。ウサギを「羽」，チョウを「頭」と数えるのは「禅僧は獣肉を食べることが許されなかったためウサギの耳を鳥の羽に見立てた」とか「獣を狩りにいくように森にチョウを狩りにいくことからの連想」などと理由づけて習得されていく。

　日本人の幼児は生物助数詞を5歳後半までにほぼ習得するが，生物助数詞の意味基準が複雑な中国語を習得する中国人の幼児は，幼児期の間では完全に習得することはできない（図4-4，図4-5；内田・今井，1996；内田，1997；Uchida & Imai, 1999）。助数詞は習得する言語の認知カテゴリー形成と軌を一にして獲得されるのである。

　また，仲（Naka, 1999）は2歳児と母親の会話を分析したところ，母親の使う助数詞は子どもの年齢，子どもの助数詞獲得のレベルに合わせて変化していることを見出した。

　言語発達は子ども主導で成し遂げられる。子どもは生活世界から多くの，そして，適切な言語的入力を積極的・主体的に吸収しながらことばの世界を構築するのである。ことばの獲得に教師はいらない。子どもは周りの人々との社会的なやりとりに参加するうちに，ことばをマスターし，たちまち，母語の達人になってしまうのである。

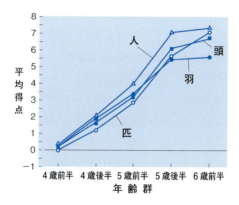

図 4-4 日本人の幼児（8点満点）の理由づけを伴った助数詞獲得の得点（内田，1997 より）

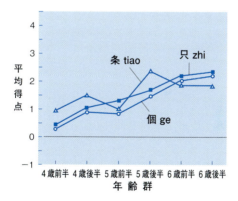

図 4-5 中国人の幼児と児童（6点満点）の理由づけを伴った助数詞獲得の得点（内田，1997 より）

参考図書

岡本夏木（1982）．子どもとことば　岩波書店

　象徴機能の成立からことばの獲得が人の内面世界をどのように豊かなものにしていくかを記したことばの発達の古典的名著。

今井むつみ（2010）．ことばと思考　岩波書店

　異なる言語の話し手は世界の見え方が違うのか，という問いについて最先端の心理学実験により解き明かしている。

今井むつみ（2013）．ことばの発達の謎を解く　筑摩書房

　子どもはたちまちことばを話せるようになる。ことばを容易に獲得してしまうしくみについてわかりやすく解説した入門書。

今井むつみ・針生悦子（2014）．言葉をおぼえるしくみ——母語から外国語まで——　筑摩書房

　子どもはどのようにしてことばを覚えるのか。モノの名前はやみくもに覚えればよいかもしれないが，動詞や形容詞，助数詞はどうやって学習するのか。こんな疑問に著者たちの豊富な実験証拠を示しながらわかりやすく答えてくれる。

外国語の学習 5
ことばの獲得と「敏感期」

　外国語を学習する際，子どもはことばの獲得が速く，特別な手だてを講じなくても自然と慣れてしまうといわれている。「思春期以後失語症にかかると回復が難しい」とか「思春期以前に外国語を学べば母語話者並に話せるようになる」などの知見は，言語学習に生物的成熟の制約が働いていることを示唆している。外国語の学習には適当な時期があり，「言語獲得の臨界期（敏感期）」があるのではないかといわれてきた。そのような時期の前に学習すべきだといわれることがあるが，これは本当なのだろうか。早くから外国語にふれるだけで習得できるようになるほど外国語の学習は容易なのだろうか。そもそも，異文化に適応することは子どもにとって大人よりも容易なのであろうか。本章では，そのような問題について考えることにする。

5-1　言語学習の敏感期
●言語獲得の「臨界期」仮説

　一般に大人よりも子どものほうがことばの獲得が速いという現象は経験的に知られている。海外勤務の家族の中，現地のことばに同化するのが一番早いのは，家族の中で一番幼い子どもであったりする。このように，言語発達は技能のような他の学習と異なる様相を呈している。言語獲得は，思考力や認知機能，運動技能の学習と違って，発達の限られた期間に学習のピークがあり，後は減衰していくところにその特徴がある。図5-1は表に現れた行動（顕現行動）の達成のピークが年齢のある時期に限られることを示している。つまり，言語学習能力は乳幼児期から思春期にかけてピークとなり，後は減衰していくことを示唆しており，「臨界期」の存在を裏づけるものである。心理学において「臨界期」という用語は，成熟の限られた期間に学習がピークとなり，この期間を過ぎると同じ環境にさらされても学習能力は減衰してしまうという現象を指すものとして用いられている。「臨界期」という用語のもつ，学習の急激な増加と減衰というニュアンスを嫌って「敏感期」をあてる場合もあるが，いずれにしても，ある時期，敏感になって学習がすすみそれ以後学習が困難になるという点では同じである。このような学習の敏感期には，その基底メカニズムについて2つの考え方がある（表5-1）。

　一つは脳機能の局在化との関連で敏感期を考える立場（Lenneberg, 1967）である。大脳に言語固有の生得的な生物学的基盤（脳機能）があり，一定の成熟期間を過ぎると言語獲得能力も減衰してしまうと想定している。

　レネバーグ（Lenneberg, 1967）は，脳に損傷を受け，失語症

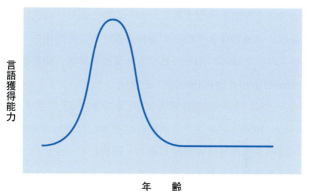

図 5-1 言語獲得の臨界期 (Newport, 1991)

表 5-1 言語学習の敏感期の基底メカニズム

1. 脳機能の局在化との関連で敏感期を考える立場（レネバーグ）
2. 情報処理容量との関連で敏感期を考える立場（ニューポート）

にかかった患者の症例に基づき，言語の回復という点から検討したところ，失語症への罹患は幼ければ幼いほど回復がスムーズであり，幼児初期の場合はほとんど後遺症は残らないことを見出した。ところが，11，12歳のいわゆる思春期以降に失語症にかかった場合は，言語を回復することが不可能であり，後遺症（失語症の症状）は罹患後3年たっても残り続けることが明らかになった。レネバーグはこの知見に基づき「言語習得の"臨界期"仮説（the *critical* period hypothesis）」を提唱した。

　もう一つは情報処理容量との関連で敏感期を考える立場（Newport, 1990）である。言語獲得に関連した能力「情報処理能力」が成熟することで言語獲得能力と競合して，かえって言語獲得能力は減衰してしまうと想定した。

● 外国語の学習に敏感期はあるか

　ジョンソンとニューポート（Johnson & Newport, 1989）は，中国や韓国からアメリカに移住した子どもや大人，いずれも中国語や韓国語を第1言語とする者で，アメリカに移住して英語を第2言語として育ち，平均10年，最低5年は毎日英語を使って生活しているイリノイ大学の学生または教員やその家族46名（渡米年齢は3〜39歳）を対象にして第2言語としての英語の習得について調べた（表5-2）。参加者には276個の単純な英語の文法（語順，疑問形式，冠詞，代名詞，動詞の時制の一致，複数形など）についての聞きとりテストを行った。その結果，第1に，英語を母語並に聞きとれたのは3〜7歳までに移住した人で，渡米年齢が11，12歳頃を過ぎると聞きとりの成績が低くなった（図5-2）。英語の習得年齢（アメリカへの移住年齢）と英語の最終的な到達度（習熟度）との間には強いマイナスの相関が認められ

表5-2 ジョンソンとニューポートの調査の概要

参 加 者……中国語・韓国語母語話者。10年以上滞米。イリノイ大学学生・教員など46名。渡米年齢3〜39歳。
統 制 群……英語母語話者23名。
課　　題……録音テープから流れる音を聞き，形態素および統語に関する12の規則（形態素——動詞の時制，名詞の複数形，動詞の一致。統語——語順，冠詞，代名詞等）276文について，文法的に正しいか誤りかを判断する。

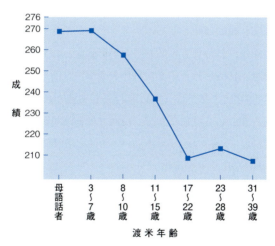

図5-2 文法力テストの成績と渡米年齢の関係
(Johnson & Newport, 1989)

5-1 言語学習の敏感期

た（$r=-.77$。r は相関係数。相関係数（correlation coefficient）とは2つの変数の間の関係の度合いを示す測度。プラス1は完全な対応を，0は対応なし，マイナス1は完全な逆の関係を表す。対応の程度は2乗倍で求める。たとえば $r=0.8$ であれば，$0.8 \times 0.8 = 64\%$ の対応があると推定する）。

第2に，思春期以前に渡米した場合は，到着年齢とテスト成績に強い相関（$r=-.87$）があったが思春期以後は個人差が大きく相関は有意ではなかった（$r=-.16$）。第3に，成績は規則によって異なり，語順と現在進行形には渡米年齢による差はなかったが，他の規則では渡米年齢による差があり，渡米年齢が思春期を越えると，複数形と冠詞の習得が困難になることがわかった。

● **方言の同化に敏感期はあるか**

母語と文法規則は同じであるがアクセントや音韻規則の異なる方言への同化においても年齢の要因が影響することが見出されている。北村（1952）は，第2次世界大戦中に京浜地区から福島県白河市に疎開し，調査時（1949年）まで白河市に住んでいる児童・生徒約500名を対象にして，白河弁の音韻規則（①「イ」と「エ」の混同，②有声化：「カキ」→「カギ」と聞こえる，③音節「リ」の摩擦音化，④無声化：「センベイ」→「センペイ」と聞こえる）やアクセント（例：箸と橋の区別がない）への同化の程度を調査した。その結果，疎開時の年齢が高いほど，京浜地区の言語が保存されている度合が高く，7，8歳〜13，14歳の間に音韻体系（図5-3）やアクセント体系（図5-4）が固まることが明らかになった。また，アクセントは音韻規則よりも同化が早いことがわかった。さらに，性差も顕著で，女児のほうが男児に比べて1歳程度音韻体系やアクセント体系の同化も固まるのも早かっ

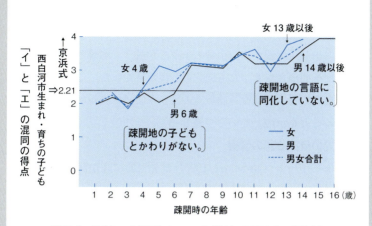

図5-3 「イとエの混同」について（北村，1952を一部改変）
疎開時の年齢が大きいほど平均点が高い。すなわち出身地の言語を保存し，疎開地の言語に同化しない。

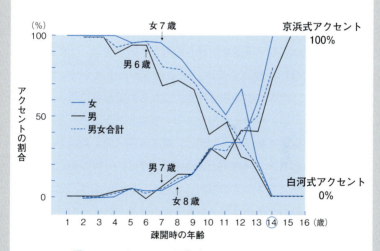

図5-4 アクセントの同化（北村，1952を一部改変）
疎開時の年齢が大きいほど京浜式のものが多く，白河式のものが少ないという傾向がみられる。7，8歳〜14歳頃までにアクセント体系が固まる。

た。さらに，方言への同化には両親の出身地が影響を与え，両親とも白河出身の子どもがもっとも同化の程度が高く，次に，母親が白河出身，父親が白河出身の子どもが続き，両親とも京浜出身の子どもの場合がもっとも同化の程度が低かった。この知見は思春期までの言語環境や言語教育の役割が言語の獲得の基礎をなしていることを示唆している（表5-3）。

● 聾児の身振り語の習得

ニューポート（Newport, 1990）は先天的に耳が聞こえない，あるいはことばを習得する以前からなんらかの事情で耳が聞こえなくなった人々で，第1言語がアメリカ手話である大人を対象にして言語獲得における年齢の要因について検討した。

対象は35〜70歳の成人で，いずれも最低30年以上は手話を毎日使っている30名であり，手話への接触を開始した年齢により①両親が聾で生まれつきの手話使用者，②両親は健聴で，4〜6歳で聾学校に入り，手話を学習し始めた中期学習者，③両親は健聴で，最初は口話教育を受け，12歳過ぎから手話を使い始めた後期学習者，の3つの群に分けた。これらの参加者に色々な文法構造をもつ手話の理解と産出テストを実施したところ，どの群も語順はほぼ完全であった。しかし，統語規則（例：動詞の時制の一致，アスペクト（現在進行形や過去形時制），複数形，派生語の表現などさまざまな文法規則について）については，思春期を過ぎて使い始めた後期学習者がもっとも成績が低かった。どの参加者も30年以上の手話の使用歴がありながら，使用年数とは関連なく手話の習得年齢が高いと文法が習得できないことから，手話の獲得にも「敏感期」があることが示唆された。

表5-3 **子どもの言葉は移住によってどう変わるか**（北村,1952）

【結論】特に注目されるのは疎開時の年齢と同化の度合の関係から，個人の言語の固まる言語形成期は5, 6歳〜13, 4歳までと推定されることである。それがだいたい小学校1年〜6年までの期間にあたることを思えば小学校の時期が子どもの言語教育上いかに重大であるかということを考えさせられる。

5-2 言語獲得の生物学的制約

●生物学的制約——大脳機能の局在化

母語であっても第2言語であっても発達初期に習得を開始したほうが思春期以後に開始するよりも最終的には習熟度が高い。幼少期に1つの言語を習得していても新たに他の言語を習得するときには成熟の影響を免れない。また，人間以外は言語を自発的に学習することはできない。同じ刺激が与えられても学ぶものが種によって異なるということは，言語の獲得に生物学的な制約があることの強い証拠となる。ニューポート（Newport, 1990）は，言語獲得の生物学的制約については次の2つの説明が可能であると指摘した。

第1の説明は，学習の基底をなす成熟のメカニズム自体が一定期間増大し，やがて減衰ないし消失するというものである。この基底メカニズムで学習現象（行動上の変化）も同じ関数関係を顕現することになる。第2の説明は，学習の基底メカニズムは成熟によっては減衰しないとするものである。この場合は，学習現象が減衰してしまうのは，言語情報処理容量が拡大して，言語能力と競合するためと想定している。

●3つの言語野

第1の説明では，学習のメカニズムも思春期を過ぎると減衰すると想定する。成人の大多数（約78.5％）は，大脳の左半球によって言語機能が制御（コントロール）されている（図5-5）。他人のことばは理解できるのに自分では話せない「運動失語」，自発語はあるのに理解が損なわれる「感覚失語」などの失語症状があるが，大脳のどの部位が損傷したかにより失語症のタイプが分かれる。このことから大脳のどの部位が言語のどの側面を制御し

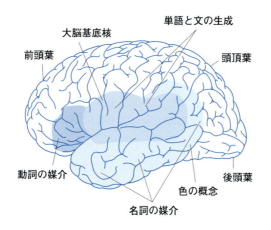

図 5-5　言語機能を司る左半球

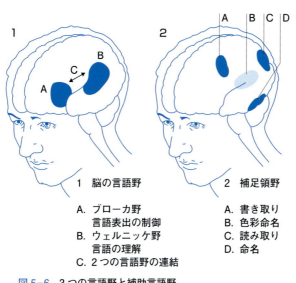

1　脳の言語野

A. ブローカ野
　　言語表出の制御
B. ウェルニッケ野
　　言語の理解
C. 2つの言語野の連結

2　補足領野

A. 書き取り
B. 色彩命名
C. 読み取り
D. 命名

図 5-6　3つの言語野と補助言語野
（ダイヤグラムグループ（編），1983を参考に作成）

ているかが推定される（図5-6）。言語表出は左脳の外側溝前部A「ブローカ野」によって，また言語理解は外側溝後部B「ウェルニッケ野）によって制御されている。これら2つを連結し，それぞれの部位の機能を相互に制御する部位がCである。さらに，言語活動の種類に応じて，書き取り，色彩命名，読み取り，事物の命名などの際に補足領野も制御系として働いているのである。

このように左半球は言語をコントロールしているが，右半球も言語機能を司ることができる。もし，発達初期に左半球が損傷を受けると，通常の分担が逆転する。

● **言語コントロール機能の分化**

言語コントロール機能の発生過程をみると，左半球が言語制御機能を受けもつようになったのは偶然らしい。たまたま左脳の成熟がすすんでいて，乳児が泣いたり，喃語を発声したりするときの制御系を担う準備が整っているためである。発話に関していったんどちらかの半球が優位になると，音声を聞いたり，理解したりするのに含まれる認知過程も自然に左脳が優位になっていく。

正確な空間操作の技能が発達する6，7歳になると，左脳はもう言語のためにかなり手いっぱいになっており，空間操作の機能はおもに残された右脳によってコントロールされるようになる。両方の半球はともに，11，12歳頃までに局在化し機能の特殊化が完成していく（図5-7）。

● **少容量多学習（Less is more）仮説**

言語学習は，成長すると認知能力，情報処理能力が増大するために，成長とともに言語を獲得する能力がかえって低下してしまうという説である。この立場に立つと言語固有の生得的制約が存在するかどうか，脳の局在化が何歳に完成するかについては問わ

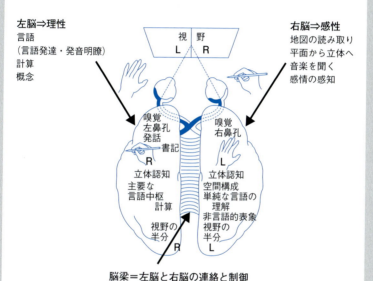

図 5-7　脳機能の局在化（ヘッブ，1979 を改変）
脳の場所によって機能の役割が違う局在化は年齢とともにすすみ，11，12 歳頃までに完成する。

なくてよいことになる。ニューポート（Newport, 1990, 1991）はあらゆる能力は増大するという前提に立ち，言語学習能力も例外ではないが，それに関連した能力（情報処理能力）が成熟するに伴い，言語学習能力と競合するようになると考えた。競合の結果，言語学習能力が減衰してしまうのではないかと推測した。

　この仮説にのっとって考えると，情報処理能力が制限されている乳幼児期には，形態素（意味を担う最小単位（ing，動詞の過去時制など））の要素分割型の学習に都合がよい。

　どうして幼い子どものほうが形態素の学習が得意なのか，その理由を表5-4にまとめた。日本語でも同様に，子どもは強く発音される部分だけを聞き取り，その部分を発話する（表5-5）。

　乳幼児期には，形態素（の一部のみが産出される，付加される形態素は年齢とともに次第に増加していく。思春期以降に母語・第2言語を学習し始めた後期学習者は，形態素の要素分析をし損なったために起こる誤り（動詞のアスペクト；進行形や過去形や複数形）や巨大語（形態素を分割しない）が多くなる。

　少容量多学習仮説は言語学習の問題だけでなく，人間の発達や学習を考える上で示唆的である。一般に多くの能力は，シグモイド曲線（S字形）を描いて増大するものである。しかし，能力が増大した結果，領域によっては競合が起こることがあり得る。この競合は情報を正確にかつ多く取り込むという点からみると，短期的には弱点でもあるが長期的にみれば利点になる。

● **いずれの仮説が妥当か**

　言語の獲得を説明するのに，言語の局在化との関連で説明するか，あるいは情報処理能力との関連で説明する，その両方の仮説の統合によって説明するかについては，未だ決着はついていない。

表 5-4(1) 少容量多学習(Less is more)仮説 (Newport, 1990)

「言語獲得能力は,言語獲得に関連した能力(情報処理能力)が成熟するに伴いかえって減衰してしまう。」
→形態素(意味を担う最小単位;walk-ing morphology)の獲得は情報処理容量が小さいほうが有利
例:形態素"ing"の獲得
"walking"という単語を聞いたとき,
大人……情報処理容量が大きいから単語全体を保持する。
子ども……情報処理容量が小さいので強調された"walk"のみを保持。最初は"ing"の保持に失敗するが"walking"という単語が語幹と形態素に分割されて表象されるため,究極的には"ing"も獲得される。

【形態素の獲得——子どもと大人の違い】
- 子どもは不完全な形を作る傾向があり,最初は形態素が省略されるが,情報処理容量の拡大に伴い形態素"ing""ed"が体系的に加えられていることに気づくようになる。
- 大人は"frozen"な形を作る(=分析されていない)傾向があり,形態素の使用が一貫しない。

しかし，どちらにしても，私たちの生活にとって不可欠であり，人間の証ともいえることばの獲得は脳機能の成熟という生物学的基礎に強く制約を受けていることは確かであろう。

　もちろん，子どもの言語発達にみられる普遍的な規則性は単一の神経組織によっているのではなく，おそらく，その規則性は，言語を学習する人間の神経システムのきわめて抽象的な能力に由来しているのであろうと考えられる。人間の発達において遺伝が規定するか，それとも環境が規定するのか，つまり人間の発達を規定する要因として遺伝と環境のどちらが重要かについて，何世紀にもわたり論争がなされたが，遺伝の主要な働きの一つは特定の種類の学習をする生得的な能力にあるという認識に落ち着いたのである。言語はその一つであり，まさに人間の脳は，進化の過程で，言語を短期間に獲得するという特殊な能力を身につけたのである（表5-4）。

5-3　2言語習得の相互依存性
●第2言語での学習に必要な語彙力

　カミンズと中島（Cummins・中島，1985）は，カナダのトロント在住の小学校2, 3年生（年少）と5, 6年生（年長）を対象にして，英語，日本語能力を測定した得点に基づき，男女比，入国年齢，カナダ在住歴を考慮して選出した59名を対象にして，さまざまな角度から英語，日本語の読み書き能力を比較した。その結果，日本語と英語の音声構造，文法構造，表記法など表層面での違いは大きいが，深層構造ではそれぞれ関連し合っていることを見出した。特に学力と関係の深い「読書力偏差値」には母語の習熟度が反映している。小学校3～6年でカナダに移住した子

表 5-4（2） 少容量多学習（Less is more）仮説 （Newport, 1990）

【情報処理容量が大きい→入力量の増加】
入力の総量の増大はオーバーフローを起こす。
例：a, b, c. の 3 つの形態素をもつ単語が
　　x, y, z. の意味素性をもつときの計算
　　　　　　　↓
　　a, b, c, ab, bc, ca, abc　7 通り
　　x, y, z, xy, yz, zx, xyz　7 通り
7×7＝49 通りもの解析をしなくてはならない。
→認知的処理資源をたくさん使うことになる。
子どもは，1 回目は〈a〉〈xy〉しか貯蔵せず，2 回目は〈bc〉〈z〉しか貯蔵しない。
→形態素の獲得に有利。

【子どもの形態素の学習の仕方】
子どもは情報処理容量が小さいため，分析的（断片的）に注意を配分するしかない→目立つ要素だけを取り込む。

単語の発音の最後や，強く発音される部分だけに，分析的（分割的）にしか注意できないため，その部分だけを取り出す。

表 5-5　形態素の学習（単語の最後の部分を取り出す）

母親		美帆
うんち	→	チ
うんちくん	→	クン
しまじろう	→	ジロウ
せみ	→	ミ
くわがたさん	→	サン

しまじろうのパペットを使ってトイレットトレーニングをする美帆ちゃん（1 歳 10 カ月）と母親の会話。

どものほうが低年齢児よりも英語の学習が容易で日本語の維持の度合も高かった（図5-8）。

　日本の小学校で3〜6年間，学習した後に移住した子どもたちの教科学習の達成度が高い。理科や社会の概念の獲得には，生活の中で自然と身につけた語彙力がものをいう。幼児初期に日本からカナダに移住した子どもたちは小学校4年生頃から学力言語が急に低下して授業についていけなくなる。生活の中で自然と習得されるはずの英語の語彙力が不足しているため，教科内容が難しくなると授業についていけなくなるのである。

● 2言語相互依存説

　以上の結果から，カミンズは，従来の仮説，つまり第1言語と第2言語はバランスよく共存するという2言語バランス説では，説明できないと考え，これに代わる仮説として，ことばの力（思考タンク）を共有するという2言語共有説を提唱した（図5-9，図5-10）。さらに，カミンズ（Cummins, 1981）は，第1言語と第2言語の両方にまたがる能力は深層部分において共通であり，両者が影響し合いながら発達するという「2言語相互依存説」を提唱した。この仮説は2つの言語は表層面では音声構造や文法構造が異なるが深層面では2つの言語の基底に「中央基底言語能力（中央作動システム）」(Cummins, 1984a, 1984b)を共有しており，このシステムで論理的に分析し，類推・比較し，まとめるなどの抽象的思考力が起動される。文章構造の分析や意識化などの「メタ言語能力」が深層で共通していると仮定されている。この仮説に立つと，両方の言語を同時に学習する必要はなく，母語に習熟すれば，第2言語の英語の学習が容易になると考えられる。

　第2言語の発音面（音韻規則）は第2言語を浴びる年齢が小さ

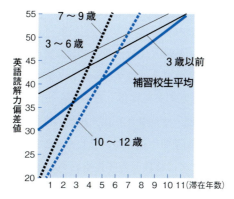

図 5-8　英語読解力偏差値が学年平均に近づく度合——入国時年齢と英語読解力の関係（Cummins・中島，1985 より作成）

母語の習熟度が読解力や学業成績に影響する。

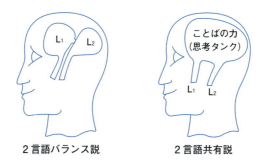

図 5-9　「2 言語バランス説」と「2 言語共有説」の比較
（Cummins，1984 より作成）

いほど，容易に習得され，英会話力の習得には2年程度かかる。しかし，学力言語（読み書き能力や読解力）の習得には自覚的な学習が不可欠であり，母語話者並に到達するのに8年以上もかかる（図5-11）。

カミンズ・中島（1985）では，母語の読み書き能力をしっかり身につけて，1対多のコミュニケーションスタイルに移行した段階（7〜9歳児）でカナダに移住した子どもが，もっとも容易にかつもっとも短期間（平均3年）に，現地の母語話者並の読書力や読み書き能力の偏差値に追いついてしまうことを見出した。一方，3〜6歳でカナダに移住した子どもたちの学力言語の習得はもっとも難しく，11年以上もかかるのである（中島，1998）。この結果は「2言語相互依存説」を支持している。「子どもは大人に比べてことばを覚えるのが速い」という素朴信念が誤りであることの傍証である。

● **母語の土台をしっかり築く**

11年半，ドイツのハンブルク市で過ごした帰国子女のレポートを表5-6〜表5-8に掲げる。海外で11年半も暮らしても，ドイツ語を自由に操れるまでにはならなかったという。このレポートで指摘されているように，第2言語の学習は母語話者のように自然に放置されたままで「習得」されるものではなく，自覚的・系統的に「学習」することが不可欠なのである。ましてや，英語を使う必要に迫られない環境での英語学習はよほど自覚がないと長続きはしない。英語を使う必要に迫られない環境で英会話の授業をしようとすると，どうしても読み書きに絡めた「第2言語学習」になりがちである。思考の発達が系統的学習の「敏感期」にならない段階で中途半端に読み書きに絡めた学習を開始しても期

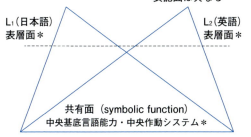

図5-10 カミンズの「2言語共有説」(「氷山説」)
(Cummins, 1984 に基づき作成)

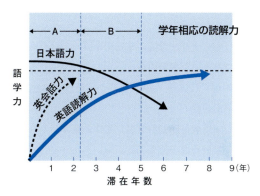

図5-11 滞在年数と2言語の力の推移 (Cummins, 1984；中島, 1998)
英語読解力が母語話者並になるのに平均8年もかかる。これまで「英語力」というと「英会話力」のみに注意が向けられがちであったが、もっと、「英語読解力」(英語で考える力や学習する力)に注意が向けられるべきであろう。

待した効果をあげることができないばかりか，英語嫌いの子どもたちを早くからつくりだしてしまう（内田，2004；佐藤ら，2011）。

英語学習を中途半端に導入することは，意味がないばかりか，考える力をも育てることばの教育をやり損なうリスクを背負い込むことになりかねない。今我が国で必要なのは従来疑問をもつことなく実践してきた「ことばの教育」を「考える力を育てる教育」（第9章参照）へと変更することである。

参 考 図 書
内田伸子（監修）早津邑子（著）（2004）．異文化に暮らす子どもたち——ことばと心をはぐくむ——　金子書房

　バイリンガルに育てたいと親たちは子どもをニューヨークの幼稚園に入れた。子どもたちは赤ちゃん返りを起こし，せっかく覚えた母語も話せなくなってしまう。母国の文化や母語の土台を築くことが英語学習の前提になるという警告の書。

大津由紀雄（編著）（2005）．小学校での英語教育は必要ない！　慶應義塾大学出版会

　言語学者や心理学者，認知科学者，文化人類学者たちが，データに基づき早期の英語教育は子どもの英語嫌いを作り出してしまうことを証明した書。

ラボ教育センター（編）佐藤学・内田伸子・大津由紀雄（述）（2011）．佐藤学　内田伸子　大津由紀雄が語る　ことばの学び，英語の学び　ラボ教育センター

　教育学者の佐藤は「ことばへの気づきを育てる」ことが課題であると述べ，心理学者の内田は「即効よりも底力——考える力を育てるた

表 5-6 「私はバイリンガルになれなかった」
　　　　——K. Y. のレポートの発端部（内田，1999 より）

私は 3 歳 11 カ月から 15 歳まで 11 年半の間，旧西ドイツのハンブルク市ですごしたいわゆる帰国子女です。滞在中，言語習得に関しては"自然放置"の状態におかれ，週 5 日の現地の学校と週 1 日の日本語補習校という生活を送りましたが，とうとう 1 度もドイツ語を自由に使えたことはなく，高学年になるほどその不自由さは増しました。おしまいにはかなり参ってしまい，帰国することになった時にほっとして逃げ帰るという気持ちでした。今度「言語獲得の臨界期」という理論を知って，振り返ってみると，その都度小さな"臨界期"があったのではないか，そして私はそれをクリアし損なったのではないだろうかという考えが生まれたのです。

表 5-7 「ことばの獲得とは文化を受け継ぐこと」
　　　　——K. Y. のレポートの中間部（内田，1999 より）

ことばというものは背景に文化をもっています。
幼児期に出会う文化と小学校で出会う文化とは違います。思春期以降に出会う文化はさらに違ったものです。そのことが言語の最終的習熟度に何らかの影響を与えるのではないでしょうか。
私の小さな手遅れは，注ぎ込まれる内容に見合う器の用意がいつも少しずつ遅れてしまったことにあります。韻を踏む詩などひとつも作れなかったし，冠詞の性や格変化などはどのようにして身につけるのか分からずじまい。ギムナジウム（5 年生〜13 年生）では基礎のなさがひびいて，さまざまな文体やレトリックを学んでも，さっぱり使いこなせない。
そういった遅れを取り戻すには，やはりたくさんのことばに触れて，コツコツと基礎を固めていくよりないのだと思います。時間が足りなければ要所だけつまむか，裾野を省くかにならざるを得ないわけで，早期に言語環境に身を置くほど最終的習熟度が高いというのは，言語を習得するというのは文化を受け継ぐこととほとんど同意義であることを反映してのことでもあるという気がするのです。

表 5-8 自己の内面を耕すことばの教育
　　　　——K. Y. のレポートの結論部（内田，1999 より）

第 2 言語をよりよく習得するというのは，どれだけその言語の文化に真剣に向き合うかで決まるように思います。また，現地の学校に長くいる子どもの方が，日本語補習校で作る文集の作文がうまい（文章力があり，内容がいい）という現象がありました。
それは言語能力というものが，単に○○語の熟達ということだけでなく，文化を継承する努力によって自己の内面を耕すという，人間に共通な性質をもっていて，第 2 言語と格闘している子どもの方が，そういう能力が高いのだという気がしています。
だからといって，日本で第 2 言語を早期に教えるべきだというのでは決してありません。そうではなく，日本でなされている日本語教育がいささか頼りないと思うのです。帰国後に受けた中学，高校の授業では，自分自身の変革を迫られたり中身をしぼり出させられたりするような体験には不幸にして出会えませんでした。

めに母語教育こそが大事」と指摘し，言語学者の大津は「協同的学びによる言語教育の展望」をして，ことばの教育の本質について熱く語り合った提言書。

児童虐待からの再生
人間発達の可塑性

　現代の子どもはきわめてストレスの高い状況におかれている。子どもの自律を阻む過保護の親，子どもを自分の思い通りに育てたいと幼児期初期から早期教育や文字や数の訓練を開始する親がいる。その一方で，親自身も孤立しストレスを感じている。家族の中で一番弱い存在である乳幼児にストレスのはけ口を求め虐待に走る。どちらの親も子どもの発達を阻み，子どもを支配するという点では同じなのである。このような歪んだ環境の中で心身ともに深く傷つきながらも，見事に立ち直り，発達を遂げていく子ども。そうした子どもたちは，人間の発達がいかに可塑性に富んでいるかを劇的に示してくれる。子どもの発達に何が必須であるかを私たちに知らせてくれるのである。本章では，虐待を受けた子どもが再生した事例をとりあげ，人間発達の可塑性について考えてみることとする。

6-1　経済格差の拡大と児童虐待の急増

●虐待の増加

　子どもが心身ともに深い傷を負う，いわゆる虐待や養育遺棄のケースが次第に増えている。虐待には①身体的暴行，②ネグレクト（食事を与えない，押入れに閉じ込めるなど），③性的暴行（近親姦，ポルノグラフィの被写体にするなど），④心理的虐待（言葉による脅し，無視，きょうだい間の極端な差別など）がある。児童相談所の対応件数をみると1990年度は1,101件にすぎなかったが，毎年最多更新を続け，2015年（平成27年度）には89,978件にもなった（図6-1）。

●虐待を引き起こす原因

　家庭といういわば密室の中で，一番弱い乳幼児に対する虐待が密かに，陰湿な形で進行している（表6-1）。虐待発生の原因は親の問題につきあたる。第1に，母親が父親に不満をもっていて，子どもに不満のはけ口を求める場合である。第2に，父親が幼くて，母親をめぐって子どもと父親が三角関係のようになる場合である。第3に，未婚で出産し，育てられなくて虐待に走るというケースもある。第4に，心理的虐待（口汚くののしる，無視，きょうだい間の極端な差別的扱いなど）。さらに，子ども自身に発達障害があったり未熟児のため保育器に入っていて母子分離経験があったりすると，親が子どもに愛着をもてないこともある。ここに親自身が虐待された要因が重なると虐待をしてしまうなど，さまざまな要因が重なり合って生ずる場合が多い。

　子どもの虐待には世代間連鎖がある。親自身が子ども時代に虐待され，「力のしつけ」（Miller, 1980/1983）を受けた親は自分がされたのと同じように，我が子を虐待してしまう。虐待は実母に

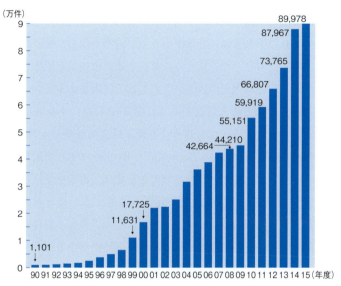

図6-1 全国児童相談所の児童虐待の相談対応件数
(厚生労働省虐待防止対策室, 2015)

表6-1 虐待の種類

1.	身体的暴力	殴る, 蹴る, 激しく揺さぶる。
2.	ネグレクト (養育怠慢・ 養育拒否)	食事を与えない, 自動車の中に放置する, 押入れや物置・納戸などに閉じこめる。
3.	性的暴行	近親姦, ポルノグラフィの被写体にする。
4.	心理的虐待	ことばによる痛めつけや罵倒, 極端な無視, きょうだい間の極端な差別。

よるものが60〜62％ともっとも高く,父親によるものが20〜22％とそれに次いで多い。

● 発達を阻む原因

虐待された子どもは,身体が小さく,言語や認知,社会性の発達も遅滞しており,幼く見える。身長や体重の成長が止まってしまう原因としては過度のストレスのもとでは成長ホルモンが止まってしまうためと考えられている。図6-2にはストレスで身長や体重の伸びが止まってしまう「心理・社会的侏儒症」(PSD；Psycho-Social Dwarfism；Hopwood & Becker, 1980) の例を示している。ことばや知能が遅れる原因としては,虐待を受けると大脳辺縁系の海馬や扁桃体が12〜16％も萎縮するためと考えられている。友田ら (Tomoda et al., 2011) は,子どもが虐待を受けた年齢や虐待の種類によって大脳の萎縮部位が異なることを明らかにした。それでは,なぜ海馬や扁桃体が萎縮するのであろうか。小野ら (Ono et al., 2008) は実験室で飼育されたマウスの母子分離実験を行った。その結果,早期離乳群のマウス (5週齢) の扁桃体で有髄神経数が増加することを見出した。小野らは,母子分離ストレスのもとで軸索が未成熟の段階に髄鞘化 (ミエリン形成) が促進され軸索の成長が阻害されてしまう (図6-3),その結果,脳の可塑性が失われて,脳萎縮が起こるのではないかと推測している。

● 何が回復の程度を分けたのか

これまでに報告された養育放棄の事例のうち,①出生直後に家族から隔離され,②隔離期間は5年以上の長期にわたり,③母性的養育が剥奪 (maternal deprivation) されて,単なる心理的交流が欠如しているだけでなく,社会・文化・言語・心理・栄養面な

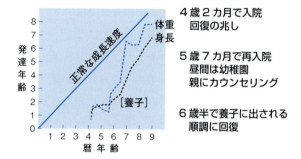

図6-2 心理・社会的侏儒症(PSD)の例 (Hopwood & Becker, 1980)

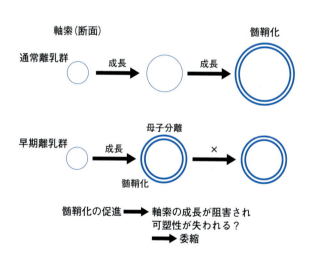

図6-3 髄鞘化(ミエリン形成)と軸索の成長の関係
(Ono et al., 2008)

どの複合的な刺激が剥奪され，④隔離の程度がきわめて重く，⑤隔離により重度の発達遅滞を示した社会的隔離児の6事例を表6-2にまとめた。救出時にはどの事例も発語はなく，歩行困難で，身体的・精神的に著しい発達遅滞を呈していた。

救出後の回復経過はそれぞれ異なり，良好，不良，中間（一部に欠陥や回復不良がみられるものの，おおむね回復）の3つに分かれた。救出時に病院や施設に収容するため家人から離されるときに「分離不安」を示したかどうかが回復の良し悪しと関係していることがわかる。

6-2　FとMの物語

●養育放棄された2人のきょうだい

1972年，日本の小さな町で2人のきょうだい——姉（female；以下Fと略記）と弟（male；以下Mと略記）が住宅の外廊下の物置に放置されているのが発見され救出された。2人は6歳と5歳だったが，救出時にはことばはしゃべれず，歩行できず，身体発育の面からみても1歳程度（共に体重8kg，身長80cm）であった。父親には怠け癖があり仕事をせず，母親のミシンの内職だけでは自分たちの食い扶持もままならず，家計は窮乏の度を強めていった。食うや食わずの生活の中で母親は次第に無気力になって子どもたちの世話をしなくなり，排泄のしつけができていない年少の子どもたちを外廊下の物置に放置してしまったのである。

●治療・回復計画

救出時の姉弟の発達遅滞は，初期の養育の欠如と栄養不給によりもたらされたものと考えられた。救出後姉弟は乳児院に収容された。発達心理学者の藤永ら（1987）により補償教育チームがつ

表 6-2　母性的養育剥奪からの回復の程度

回復の程度	名前	国	救出年齢	分離不安 大人	分離不安 同胞
良好	イザベル	[アメリカ]	(6歳6カ月)	＋	－
	P.M.とJ.M.	[チェコ]	(6歳10カ月)	＋	＋
不良	アンナ	[アメリカ]	(6歳0カ月)	－	－
	アンヌとアルバート	[アメリカ]	(6歳と4歳)	－	－
中間	ジニー	[アメリカ]	(13歳7カ月)	±	－
	FとM	[日本]	(6歳と5歳)	－	±

表 6-3　FとMの治療・回復計画（1972年12月プロジェクトチーム結成）

1. 環境改善

担当保母との愛着，同胞・仲間・成人との対人関係の形成，栄養改善，言語的・認知的・文化的刺激の導入，感覚・運動技能の発達促進のプログラムの実施。

2. 診断（測定と訓練）

(1) 社会・情緒的発達（人格面の各種検査・ロールシャッハテストや箱庭療法）。
(2) 知的能力の発達（各種知能検査や言語発達検査）。

3. 補償教育（教授・学習プログラムの開発と導入）

(1) 言語発達。
(2) 数概念の発達。
(3) 一般知識の獲得（夏休みに1週間著者（内田）宅で過ごす，盆と正月それぞれ1週間母親宅で過ごす）。

くられ，2人の社会復帰に向けての治療・回復計画（表6-3）が立てられ補償教育が実施された。

　第1に，環境改善——栄養条件の改善，運動技能の発達促進，絵本や教育玩具などをいつでも触れられるようにして，保育者のことばかけや遊びを活発にするといった愛着の形成とことばかけの充足，大人との対人関係の活発化や乳児院の子どもたちの遊びを中心とした交流を促した。

　第2に，診断をかねての各種人格検査やドールプレイ（人形や家具セットを用いたごっこ遊び）を導入し，社会・情動性の発達診断に基づき処遇方針を決定した。

　第3に，遅れている知的・言語的能力や運動能力の欠陥を補償するための意図的教授＝学習プログラムを導入した。小学校入学以後は学習面の補償教育に力を注いだ。

●「冬眠」という防衛のしくみ

　正常環境に移された途端に開始された身長や体重の回復はめざましかった。健常児の身長の発達速度曲線は乳児期に発達の大きなカーブ，ついで思春期に小さいカーブが描かれる。FとMの場合もこの曲線に近似したパターンとなった（図6-4）。栄養が与えられず，言語や社会的，文化的刺激が与えられない状況下では身長発達のプログラムは一種の「冬眠」，あるいは，「機能的な凍結」状況におかれていたのかもしれない。同様に，救出時には欠損していた永久歯の歯芽は救出後6年半かかって回復した（図6-5）。成長発達が「冬眠」や「凍結」状態にあると，身体全体の代謝は低く抑えられ食事を与えられないことによるダメージを最小限に食い止めることができる。幼い容姿（顔だちやからだつき）は大人の攻撃性を低減させる。「凍結」は代謝の低減と養育

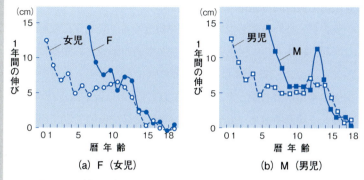

図6-4 (a) F（女児）と (b) M（男児）の身長発達の速度曲線
(藤永ら，1987より)
破線はそれぞれ女児・男児の全国平均である。

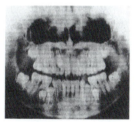
Fの顎骨レントゲン写真
（1979年7月）

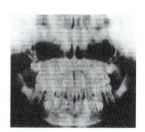
Mの顎骨レントゲン写真
（1979年7月）

図6-5 救出後6年半時のFとMの顎骨レントゲン写真
救出時（1972年12月）には永久歯の歯芽が欠損していたが，救出から6年半後に歯芽が出現した。

者からの攻撃の回避という両面で防衛機制になっているのかもしれない。

●回復の機能的準備系——「愛着」

養育者との間の愛着形成は回復の鍵となる。乳児院に収容された当初，Fはすぐに担当保母との間の愛着を形成し，順調に回復していった。一方，Mは，保育者に懐こうとせず，言語や対人関係の遅滞が著しかった。Mの回復の遅れの原因を探るため「ストレンジ場面手続き（strange situation procedure）」（Ainsworth et al., 1978）を用いて愛着形成の有無を査定した。Mは担当保母に分離不安を示さず，見知らぬ人に対して人見知りをしなかった。この結果をふまえて担当保育士を交代してもらったところ，Mは新しい担当保育士との間の非言語的なやりとりがみられるようになり，Fや他の保母，乳児院の仲間へと対人関係が広がった。また認知・人格・言語の回復が加速された。

●FとMの言語発達の経過

1. 2人は正常な言語を獲得し得たか……社会的相互交渉の手段である言語の外言的コミュニケーションの側面では予想外に速やかな発達をとげた。日常場面では他児と遜色はない。Fは場面に応じて敬語，丁寧語，謙譲語を使いこなし，美しい日本語（標準語）で話す。書きことばも問題ない（大人の質問への答え方の違いをTopicに示す）。

2. 言語獲得過程は普通児と同じプロセスを辿るか……Fにおいては喃語期から初語形成期（成人の模倣や語彙の般用）は観察されず，社会的言語習得期から開始された。きわめて短期間に社会的言語獲得が達成された。語彙の獲得速度や2語文開始時期が他の養育放棄事例のジニーや正常児に比べてかなり早い。イザベル

Topic 大人の質問に対する2人の答え方の違い

テスト場面ではFは適応的な答え方であるが，Mはカードの絵に注意が引かれ道具の機能については気づかない。また文脈に依存しない質問に対する応答も不適切なことが多い。

【WISC テスト場面（1973.11.4）】

大人（問）	F	M
ナイフって何するもの？	→リンゴヤルノ，カワヲキッテ。	→ナイフ，ココキッテアゲル。
カサってどんなもの？	→カサワネ，アメノトキ……	→カチャココ，カチャココ。カチャネ，カチャネ，カチャワネ，デテキタノ。
雨のときどうするの？	アメヲネ，ヌラシチャッタ。フラレチャウノ，フラレチャウノ。	カチャワネ，ココニイルカラネ。
紙はどんなもの？	→カミワネエ，チラク……チラカス。	→カミネ，クチュルノ（作るの），チャンカクニ。
ちらかすのね？	ウン。	
ブランコってどんなもの？	→ブランコワネ，ノルモノ。	→ブランココイデルノ，ムチャムチャチテルノ。
暑いってどういうこと？	→アチヲツケルノ。	→NR（反応なし）

【文脈に依存しない質問に答える場面（1973.11.4）】

Mちゃんさ，水の中にどんなものがいるのかな？	→オミジュネ，ハチャミニネ，ココニイレルノ。
水の中にどんなものがすんでる？	→チュンデルノ。
	→オミジュノナカニチュンデルノ。
何がいるの？	→チョコニ。
底にすんでるの？　よくできるね。	
Mちゃんね，犬には足，何本あるか知ってる？	→イヌチッポアルノ
4本あるの，4本。	→チッポアルノ，チッポ。

（以上の発話は藤永ら（1987）p.96 より引用した。）

6-2　FとMの物語

の場合と同様，言語についてかなりの潜在学習があったことがうかがわれる。

　Mは，ジャーゴン（意味不明のことば）や錯音がきわめて多く，反響的反復と自発的発話の混在する初語形成期が長かった。救出されて5カ月後の翌年4月に保母が交代し，新しい保母との間に愛着が形成されると，社会的言語の順調な回復がなされるようになった。このように，愛着は対人関係や言語獲得の先行条件となるものと考えられる（図2-7参照）。

● 2人の言語的欠陥はどこにあるか

1. 音韻面……Mには音韻面の遅滞が著しく，錯音（ツクル→クチュル）や発音不明瞭による意味不明語が後まで残存した。普通児に比べその期間はかなり長く，しかも，発声器官が未成熟なため音量調節がうまくできず，場面に不相応に大声あるいは小声になるなどがみられた。

2. 文法能力……FもMも受動文と能動文の変換や使役文などにおいて変換ルールが使えず，日常的表現で代替してしまう（図6-6）。文生成の基礎となる変換ルール（例：受動文・能動文の変換）の習得は書きことばで変化部位を自覚させるという学習プログラムが必要であった。

3. 内言機能……ITPA（イリノイ式言語学習能力診断検査）や知能テストの結果から，2人とも記憶機能，連合機能，推理機能などが遅滞することと軌を一にして，文脈独立の形式言語，思考言語としての内言機能が遅れている。これらの傾向はIQテストにも現れ，動作性知能（PIQ）は平均的だが，言語性知能（VIQ）が低い。しかしレイブンのSPM図形テストで測定した知能偏差値はMは共に，平均以上であり，姉は優秀児であった（図6-7）。

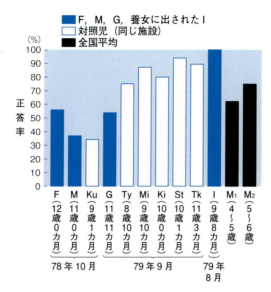

図6-6 文の作成・変換テスト正答率の比較（藤永ら，1987より）
M₁，M₂はそれぞれ年中児（4，5歳），年長児（5，6歳）の全国平均（国立国語研究所，1977より）である。

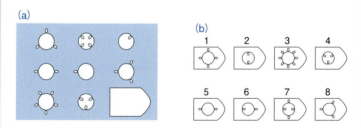

図6-7 SPM図形テスト（Raven's Standard Progressive Matrices）の例
　　　（Raven et al., 1998より）
SPM図形テストでは，法則性のある図柄（a）を提示し，1カ所欠けている図柄を選択肢（b）より選ばせる。このテストをFとMに課したところ，Fの偏差値は65〜70，Mの偏差値は50〜60という結果となった。2人とも偏差値の平均50を上回ることから，同時処理は得意なことが明らかになった。

●進化は「トレードオフ」で達成される

　言語性の課題解決には時系列処理が使われるが，図形課題には同時処理（並列処理）が使われる。京都大学霊長類研究所の「アイ・プロジェクト」でチンパンジーのアイやアユムは超短期記憶保持者であり，同時処理に長けている。一方対照群の大学院生は同時処理は苦手で時系列処理に長けている。図形課題において，FとMの2人はチンパンジーと人間の間に位置している。進化の過程で類人猿までは環境情報を映像的に同時に処理することによって，環境に適応していたと考えられる。2人とも，言語情報の処理は後発で，5，6歳までは同時処理で環境に適応していたのかもしれない。人間は言語をもつようになってから，言語情報の処理に使われる時系列処理に熟達する必要が生じ，それ以前にもっていた同時処理を根こそぎ捨ててしまったのではないだろうか。進化は何かを得るためには何かを捨てるというトレードオフで起こるのであろう。

●言語・認知発達に依然として残る欠陥

　Mには音韻面の遅滞が後まで残り発音の誤りが多くみられた。ITPAで測定した言語学習年齢は2人とも歴年齢よりも3年半の遅れがみられ，プロフィールの凹凸は加齢に応じて大きくなっていた（図6-8）。これは，言語獲得を支える認知能力のうち，記憶機能，推理機能，連合機能に遅れがあることを示している。特に，文の復唱や数字の順唱・逆唱で測定する「短期記憶範囲（認知的処理資源）」は狭く，2人とも3単位止まり（4歳児レベル）である。課題に注意を集中しているときでも，訓練を行っても，4単位を超えることはなかった。

　短期記憶や，時間や場所に関係づけられた「エピソード記憶」

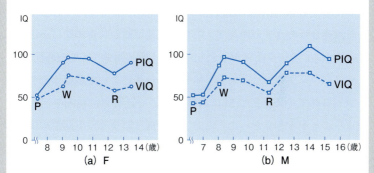

図 6-8 (a) F, (b) M の WISC 系検査の VIQ(言語性知能), と PIQ(動作性知能)の経過(藤永ら, 1987 より)
P は WPPSI, W 以後は WISC, R 以後は WISC-R。

は大脳辺縁系の海馬や扁桃体で営まれている。この部位は生後10カ月～5歳にかけて成熟し，イメージが誕生するのと軌を一にして，情報処理の質的変化が起こる。この時期の認知発達の質的変化を「第1次認知革命」とよぶ（第3章参照）。さらに5歳後半頃にはメタ認知機能やプラン機能，可逆的操作などが連携して働くようになる（「第2次認知革命」）。さらに抽象的思考段階に入る9, 10歳頃には「第3次認知革命」が起こる（図6-9）。

これらの認知発達の質的変化は神経学的基盤の成熟段階と軌を一にしている（内田, 2007）。ルール学習や情報の入出力を担う前頭連合野の「ワーキングメモリ」は幼児期から青年期にかけて成熟する。虐待を受けた子どもたちの大脳辺縁系（海馬や扁桃体）やワーキングメモリは栄養不給やストレスによって萎縮することが知られている。FとMは訓練によって短期記憶範囲を回復させることができなかった。このことから，エピソード記憶や情報処理を司る大脳領野の成熟には「臨界期」があるのではないかと推測される（内田, 1999）。

短期記憶のスパン（数の逆唱や文の復唱によって測定する）が常に3単位（4歳児レベル）に留まっているということは，彼らは連合学習や機械的な記憶が苦手であり，九九の暗唱や漢字の書きとりのようなドリル学習に困難があることを意味している。本人たちに学習への動機づけがない場合には学習についていけなくなる。補償教育チームの目標は，彼らにどうやって「やる気」を出させるかであった。

一方，日常の意味記憶，たとえば，修学旅行で訪れた地点やコース，料理の手順など，目的意識や快感情を伴う経験の記憶には欠陥はまったくみられない。2人とも外言的コミュニケーション

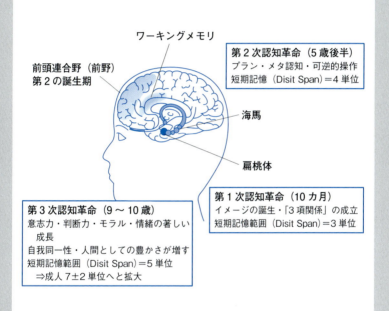

図6-9 「3つの認知革命」の神経学的基盤

はほぼ完全に回復したが，内言あるいは形式言語の面の遅れや欠陥は残存し続けている。

6-3　人間発達の可塑性

●2人の言語発達の違い

Fは補償教育の初期から音韻面・意味面・文法面・コミュニケーション面のいずれについてもMより優れており，回復ペースは速く順調だった。これに比べ，Mはさまざまな面の遅滞が著しく，担当保育士との間で愛着を形成できなかった半年間は回復は足踏み状態におかれていた。担当保育士が交代したことによりMは担当保育士との間で愛着が成立し，本格的に回復が開始された。しかしその後2人の差は縮まらず，青年期に達しても，さまざまな面で2人の回復進度・到達度は異なっている。

●生物学的性差がもたらす違い

2人の到達度の違いは性差によってもたらされたものと考えられる。男児は女児より「脆弱性（vulnerability）」が高い（Rutter, 1979）。同じ環境の剥奪を経験してもMのダメージの程度はFに比べて大きかったと推測される。また，物事の認識や解決能力，あるいは，言語の流暢さにおいてもFが優る。得意分野の性差は脳の発生過程の性差と関連している（第3章「男の子は『図鑑型』・女の子は『物語型』」参照）。

●対人関係への敏感性の違い──「物語型」か「図鑑型」か

Fは人間関係に敏感で，感情表現的な「物語型」であり，Mは物に興味がひかれる名称指示的な「図鑑型」である（第3章参照；内田・向井，2008）。周りの人々に無関心で対人関係に無頓着なMと，人目を気にして自己主張できないFの気質の違いは，

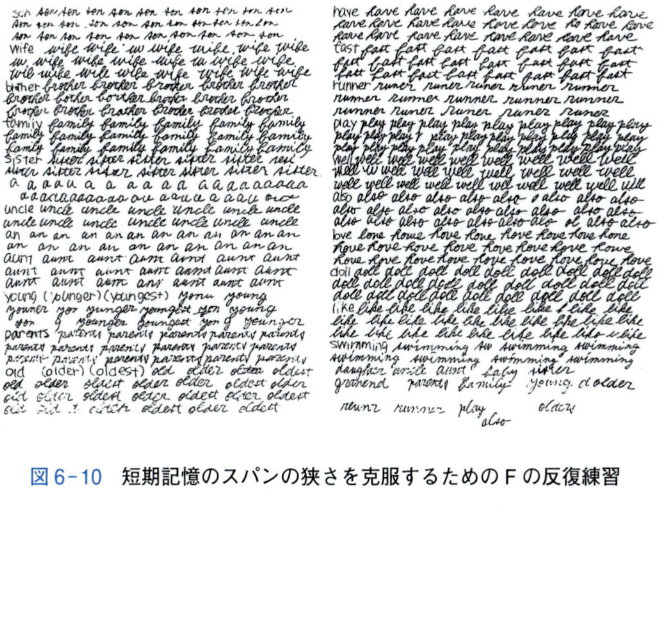

図 6-10　短期記憶のスパンの狭さを克服するための F の反復練習

救出後の人間関係の築き方の違いの一因であった。

●暦年齢の差がもたらす生活環境の違い

2人には暦年齢で1年の差があった。Fの場合は母親から哺乳され，多少なりとも世話を受けた可能性がある。ところがMのほうは，一層悪化した家計状況におかれ，母親も完全に育児放棄をしていた。この違いが救出後の保育者への愛着の違いをもたらしたものと思われる。

●2人ともまじめで努力家

就学までの猶予期間2年を経て小学校に入学してから，2人は順調に中学，高校へ進学し，成績も次第に上昇していく。青年期に入ってから，Fは自分自身の記憶能力の低さを認識し記憶力の限界を克服するため，図示やメモをとって記憶保持の工夫をした（図6-10）。Mは中学の部活に打ち込み，良い成績を修めた。温厚な性格もあって級友たちに支持され，運動部の部長にも選出された。Fに比べれば自己の能力に楽観的ではあるが，自分が興味をもった事柄には積極的に取り組もうとする。自分自身を自覚的に内省し，自分自身を高めたいという動機づけにより，思春期以後の言語や認知発達を促進することができたのである。

●青年期は第2の誕生期

2人が青年期で飛躍的な成長を遂げたのはなぜであろうか？脳は神経細胞同士のネットワーク化によってシナプス（神経細胞同士の連結部）がつくられて新皮質の厚みが増す。誕生後，無駄なシナプスは植木を剪定するように刈り込まれ，25歳頃までに薄くなっていく。ところが，青年期に再び大脳新皮質の前頭連合野にシナプスが形成され皮質の厚みが増す。不要なシナプスが刈り込まれて皮質の厚みは薄化するのである（表6-4：Gogtay et

表6-4 青年期における脳の進化

- 大脳皮質の厚み
1. 生後〜25歳頃まで薄くなっていく（第1段階）。
   （ネットワーク化とシナプスの刈り込み）
2. 青年期に大脳新皮質（前頭連合野）の厚みが増す
   →シナプスの刈り込みで薄化。（第2段階）（発達速度曲線（図6-4）を参照）

- 大脳は
1. 自律的な機能的脳器官である。
2. 意志力＋動機づけで環境情報を制御できる器官へと進化する。

al., 2004)。脳は青年期に第2の誕生期を迎える。大脳は神経系のネットワークを形成して新しい機能をもつことのできる自律的な機能的脳器官であるが，青年期に意志や動機づけにより，環境情報を制御し，新しい機能をもつことのできる機能的脳器官へと進化するのである。

● 人間発達の可塑性──生涯発達の視点に立って

現代社会は子どもたちにとって，またその親にとっても厳しい時代である。しかし，この2人の事例は人がいかに多くの潜在的な可能性をもち，その開花のために何重ものガードによって守られているか，自生的な成長の力がいかに大きいかを教えてくれる。

確かに乳幼児期の発達速度は人間の全生涯のうちでもっとも大きい。周りのものやことについて一貫性のある世界をつくるのに，もっとも大切な時期であることも確かかもしれない。だが，発達を飛躍的にすすめる機会は青年期にもやってくる。おそらく人は生涯を通じてさまざまな機会に，量的には乳幼児期に及ばなくても，質的には高くなる可能性をもっているのではないだろうか。

参考図書

内田伸子・OAA編集会(2011). 子どもは変わる・大人も変わる――児童虐待からの再生―― お茶の水学術事業会

　発達心理学・脳科学の最新知見をふまえて,FとMの社会復帰の過程を描き出し,子ども主導の支援が実を結んだこと,再生の鍵は担当保育士との愛着であり,青年期に著しい成長を遂げたのは内省力――ことばで客観視する力――であることをまとめた小冊子。

内田伸子・見上まり子(2010). 虐待をこえて,生きる――負の連鎖を断ち切る力―― 新曜社

　児童虐待という「負の世代間連鎖」は断ち切ることができる。児童虐待の心理学的研究から明らかになった事実と,虐待から立ち直り,自分を生き直すまでのある女性の人生の物語。

想像力の発達
語り・想起・創造のメカニズム

　ことばは象徴機能を基礎にして成立し，人とのやりとりの手段として，また内的なモデルを構成する手段となる。やがて，象徴機能を基礎として想像力が開花する。人は，想像力を働かせて世界を語り，自己を語る。ことばは世界を認識し，想像の世界に形を与える手段である。本章では，そのような想像力の発達をたどり，さらに創造が生まれるメカニズムについて物語や想起のメカニズムから考察することとする。

7-1　創造的想像のメカニズム

●想像力──生きる力

　オーストリアの精神医学者のフランクル（Frankl, V. E.）は第2次世界大戦中，アウシュビッツの強制収容所に囚われたが，奇跡的にも生き延びることができた。人間は極限状況の中では残忍で，忌まわしい人間性，原始性を示す。しかし，未来を意識したとき，直接感覚に訴えてくる現在から離れるように精神活動が活発になる。極限状況から逃れるために，人は未来を意識し想像力を働かせて内的な世界に逃避する。想像力を働かせることによって精神の浄福を保ち続けることができ，生きる力がわいてくるのである（表7-1）。

●目に見えないものを思い浮かべる

　想像力（イマジネーション）とは目には見えないものを思い浮かべる能力のことである。人は目で見，耳で聞き，手で触れる現実の他に，想像力でつくりだした世界を自分の現実にすることができる。私たちは生きて，目覚めている限り，いたるところでこの想像力を働かせている。今，目の前で起こっていることは見たり，聞いたりすることによって，また過去の出来事も記憶を呼び起こすことによって知ることができる。しかし，まだ見ぬ明日は，単に五官を働かせたり，体験を再現するだけでは思い描くことはできない。目に見えない未来は想像することによって知ることができる。未来について思い描くことが想像力の働きのもっとも重要な側面である。

　未来を思い描く素材は経験や既有知識である。しかし，想像は経験にもとづいてはいても経験そのものではない。経験が複合され脈絡をつけられるときに何か新しいものがつけ加わる。経験は

表7-1 「想像力」は「生きる力」である (Frankl, 1947；霜山訳, 1956)

　人間が強制収容所において，外的にのみならず，その内的生活において陥っていくあらゆる原始性にもかかわらず，たとえ希ではあれ，著しい内面化への傾向があったということが述べられねばならない。

　元来，精神的に高い生活をしていた感じやすい人間は，ある場合には，その比較的繊細な感情素質にもかかわらず，収容所の生活のかくも困難な外的状況を苦痛ではあるにせよ，彼らの精神生活にとって，それほど破壊的には体験しなかった。

　なぜならば，彼らにとっては，恐ろしい周囲の世界から精神の自由と内的な豊かさへと逃れる道が開けていたからである。かくして，そして，かくしてのみ，繊細な性質の人間がしばしば頑丈な身体の人々よりも，収容所の生活をよりよく耐え得たというパラドックスが理解されうるのである。

再現される文脈に合うように再構成され姿を変える。経験を「不正確に」再現し、再構成する過程で新しいものが生み出されるのである。もし人が経験を古いものと同じ形で再生するだけなら、人間は過去に向かって生きているにすぎない。現実の制約から自由になり、新しい未来に向かって前進し、現状をより高いものへと変えることができるのは、人間の特質である想像力を働かせて、以前になかったものをつくりだすという認識のしくみに負っているのである。

● **想像的創造のメカニズム**

表象（イメージ）や表象形成作用は、表象をつくりだして経験する過程であり、想像力の一形態をなしている。しかし、想像力はそれに留まらず、言語的なもの、非言語的なものを含めて、多種多様なシンボルをまとめあげる働きを指している。「想像力は、いくつかの象徴機能を、意識の覚醒状態で、ことさらこれらの機能を統合しようとせずに産出したりする精神の能力」（Arieti, 1976；加藤・清水訳，1980 より）を指している。想像力は象徴機能の働きを統合し、複合する働きだということになる。想像力は認識の営みのすべて──知覚、表象の構成、想起、思考、推理──の過程に絡むようになる。

想像力は暗記能力と比べてどこが違うのだろうか。図7-1に想像力と暗記能力の関係を示した。思考（thinking）には収束的思考（convergent thinking）と拡散的思考（divergent thinking）とがある。収束的思考は解が1つ、解に至る道筋も1つという問題を解決するときに働く思考であり、日常語では暗記能力のことである。一方、想像力は、拡散的思考のことである。解は複数あり得るし、すぐに解決できない問題を考えるときに働く思考が拡

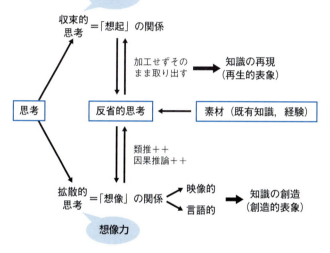

図7-1 「想像力」と「暗記能力」の関係

散的思考である。

　どちらの思考も表象（イメージ）を構成する素材となるのは既有知識や経験であり，反省的思考とは過去の知識や経験を振り返り，目の前の情報と関連しそうな素材を取り出してくる精神の働きを指している。反省的思考を働かせ，経験や知識から特に印象の強い断片が取り出され，類推や因果推論の働きによって統合し，まとまりのある表象（イメージ）へとまとめあげる。ことばや身体，描画などの表現手段を使って，目に見える形にするのである。

　ヴィゴツキー（Vygotsky, 1963）は，想像と経験は相互に依存する関係にあると述べている。経験が豊かであれば想像も豊かになる（図7-2）。しかしそれだけでなく，経験も想像によって豊かになる（表7-2）。私たちは他人の経験やはるか昔の出来事，SFに描かれた未来の世界は，直接「体験」（実際に感覚入力のある場合）できないが，想像力を働かせることによって間接的に「経験」することができるのである。

● **連想のモメント──「類推」**

　類推（analogical reasoning）とは，ことばの獲得や情報の取り込みのときに働く認知機能である。類推は，私たちが住む世界について知覚し，学び考えるための方法であり，言語を獲得するときにもこの認知機能の働きが不可欠である。子どもは生活の中で絶えず類推し，未知のものを自分なりに意味づけ，名前をつけ，カテゴリー分けをしているのである。子どもも大人も初めて出会ったものを「これ○○みたい」と自分のよく知っている○○にたとえる。自分がよく知っている領域での知識を使って異なる領域の事象や未知の事象を自分なりに理解しようとしているのである。類推の働きがなければ語彙も獲得はできない。私たちの心は外界

うさタン, ピョンピョン		うさこちゃんが, お月さんを見ながら, 楽しくダンス していました
イテェー, ころんだよ, 石（絵の石をさす） ころんだ		上ばかり見て おどっていたので, 石ころにつまづいて, 水たまりにしりもちを ついてしまいました
エーン，エーン, うさタン，えーん （顔に手をあて 泣き真似をする）		頭から，水ぬれに なった。 うさこちゃんは 泣いてしまいました
2歳5カ月		3歳8カ月

図7-2　2歳児と3歳児の語りの比較（内田，1990より）
経験量が違えば読みとり方も違う。

表7-2　経験が豊かだと想像世界も豊かである

---

1. 見えない未来を思い描く素材となるものは
　＝「経験」（五官を使った体験と疑似体験）
2. 経験が豊かであるほど想像世界は豊か
3. 想像≠経験
　目の前の情報から連想される経験は断片的で不完全。
　断片的な経験を集めて複合したり，脈絡をつけるなどの加工作用が起こる。
　⇒新しいものが付け加わる。

　　創造の可能性　　　　　鳥を見て⇒飛ぶものを連想し
　　想像は創造の泉　　　　⇒飛行機を発明した！

7-1　創造的想像のメカニズム

から入ってくる情報が自分の知っていることや体験したこととどう関連づけられるのか，どんな類推が可能かということに絶えず注意を払っているのである。

● **知識獲得の手段――比喩の働き**

ホリヨークとサガード（Holyoak & Thagard, 1995）は子どもから科学者まで，また詩人から政治家まで類推の推論によって心を飛躍させ，思考や発見，創造が導かれていくことをさまざまな角度から論じている。類推による推論はおそらく知的な問題に対するもっとも豊かな仮説の源泉となる。その修辞的形式は「比喩」である。比喩とは一般に「時は金なり」（隠喩；metaphor）や「雲は煙みたいだ」（直喩；similitude）のように，あるものXをそれと何らかの点で類似してはいるが異なるカテゴリーに属するYにたとえることである。これによって私たちはYについてすでによく知っている特徴やふるまい方をXに対してもあてはめることができるようになるのである。

比喩には2つの働きがある。一つは，意味を拡張する――私たちが所有している乏しい語彙を活用して複雑な現実を特徴づけることを可能にする働きである。もう一つは，潜在的な性質の一部を強調する――確かに属性として存在してはいるのだが，通常は注目されない側面に光を当てるという働きである（表7-3，表7-4）。

7-2　想起のメカニズム

● **幼児は「嘘」をつけるか**

4歳女児（T）が4歳男児（W）に砂を投げつけられたと母親に言いつけた。母親はTを連れてWの家に抗議に出かけたとこ

表7-3 比喩のもつ2つの働き

1. 意味の拡張
   私たちの所有する「乏しい語彙」を活用して「複雑な現実」を特徴づけることができる。
2. 潜在的性質の一部を強調
   属性として存在してはいるが，通常は「注目されない側面」に光を当てる。

表7-4 比喩表現を使うと抽象概念もわかりやすくなる（山梨，1988より）

「理論」はしばしば建物になぞらえて記述される。

	Xの「基礎」
	Xの「土台」
理論X→建物Y	Xの「枠」
	Xの「骨組」
	Xの「柱」

【例　文】
a. この理論の基礎はしっかりしている。
b. A理論の土台はがたがただ。
c. 例の理論の基本的な枠がまだ完成していない。
d. その理論は骨組から建て直さなければならない。
e. B理論は3つの支柱からなっている。

ろ，Tの兄（6歳）が，TがWに砂を投げつけたのでWはやり返しただけだと説明した。Tは母親に嘘をついたのだろうか？このような出来事では何が最初に起こったのかという出来事の生起順序が問題である。①：Tが砂を投げつけ，②：Wが砂を投げ返した。③：Tが母親に言いつけた。実際に起こった事柄の順序は①→②→③であっても，Tの頭の中の表象は，新近性効果（recency effect）によっての最新の出来事，つまり，自分が被害を受けたところだけが記憶に強く残ったのである。このような記憶の脱落，あるいは歪みから起こる子どもの嘘はよくみられる。

相手に嘘をついたり相手をだましたりするのは，相手の意図や願望を知って，戦略的にそれを裏切ろうとする場合である。相手の意図や願望は幼児期の終わりにならないとわからない。5歳後半すぎに「展示ルール（display rule）」が獲得されると，相手の視点に立ち，相手の願望がわかるようになると，がまんしたり，楽しみを先に延ばすことができるようになる。相手の裏をかく悪意の嘘もつけるようになるのである。幼児期には，嘘をついたと感じられる場合の多くは，自分が被害を受けたことに注意がいってしまい，出来事の順序が変わったり，印象の強い出来事の後に起こった連鎖のみがクローズアップされて，報告の順序の変更や因果関係の逆転が起こることによって引き起こされるといってよい。

● **報告の誤りは大人でも起こる**

それでは，大人は記憶違いをしないのであろうか。大人でもパニックになると記憶違いが起こることが明らかになっている（表7-5）（ヘッブ，1975）。

アメリカでは1973年に「ウォーターゲート事件」が起こった

表 7-5 大人の目撃証言は当てになるか？（ヘッブ, 1975 より作成）

【教授（P）の講義中の出来事（von Liszt, 1902）】
A「キリスト教の立場から問題を明らかにしたい！」
B「そんな立場に立てない！」
A「馬鹿にしたな！」（ピストルを構える）
B（Aに飛びかかる）
P（2人の間に割って入り，事態を鎮めた）

この事件の直後に，教授は学生たちに目撃したことを逐一レポートするよう指示した。その結果，学生たちのレポートには省略や付加さらに改変も多くみられた。

表 7-6 ウォーターゲート事件の概要

- アメリカのニクソン大統領（Richard Milhous Nixon）が大統領選挙で再選を果たした 1972 年，民主党全国委員会本部の入っているウォーターゲート・ビルに 5 人の男たちが盗聴器を仕掛けようと侵入し，逮捕される。
- 犯人グループがニクソン大統領再選委員会の関係者であることが発覚する。
- 裁判の過程で，ニクソン大統領自身が大統領法律顧問のジョン・ディーンをはじめとする側近たちと事件の隠ぺい工作に関わっていたのではないかという疑惑が広がる。
- 下院司法委員会で大統領弾劾決議案が可決される。
- ニクソン大統領は疑惑を事実と認め，大統領を辞任することとなる。

(**表7-6**)。大統領のニクソンがマスコミ各社の入っているウォーターゲート・ビルに盗聴器をしかけさせたことが発覚し,また盗聴器に録音されていたニクソンの発言が大統領らしからぬ品位に欠けるものであったことから失脚にまで追い込まれた事件である。ニクソン大統領の法律顧問ジョン・ディーンは,事件発覚後ホワイトハウスと捜査当局の連絡,事件のもみ消しなどで常に重要な役割を果たした事件全体の中心人物であった。彼はワシントン連邦地裁から公聴会での証言により刑事事件で訴追されることはないとの「限定免責保証」を取りつけて証言した。

認知心理学者のナイサー(Neisser, 1981)はこの証言と証拠として提出されたテープに録音された実際の会話との照合を行った。**表7-7**の証言1では大統領ではなくハント自身が発言したことになっている。また大統領が言ったとする証言は明らかに誤っている。**表7-8**の証言2は実際に交わされた会話とは大きく食い違っている。この食い違いは,当然そうあるべきという常識からの推理,ないし,そうあってほしいという証言者の願望に基づいて生じたのであろう。人は「テープレコーダー」にはなれないのである。

過去の体験を想起するときには,記憶が再現・再生されるわけではなく,想起する状況に合わせて再構成する(バートレット,1983)。バートレットは,伝言ゲームの手法を使って最初に見た映像や文章が見た人の「心的図式(schema);先入見や心的構え」によって,改変され,有意味化することを実証している。

表 7-7 ディーンの証言（1）(Neisser, 1981 より)

【テープ】

N「われわれは 68 年に飛行機上で，それから 62 年にも盗聴されていた。知っての通りだ」
D「68 年の事実の証拠がないのは残念です。前 FBI 長官（ハント）が知っていたと思いますが」
N「いやそれは違う」

【証　言】

D「会話のはじめに，大統領は私に，『ハントが大統領キャンペーンは 68 年に盗聴されたと言った』と話されました。そして大統領は，『私たちがそれを明るみに出し，今の問題へ逆襲するのに用いたらよい』と話されました」

N：ニクソン大統領の発話，D：ディーンの発話。

表 7-8 ディーンの証言（2）――証言は欲求・願望により再構成される (Neisser, 1981 より)

【テープ】

D「3 カ月前には，こんな事件が忘れられるときがきっとくると思いながら苦労していました。しかし，今なら私も 54 日後の選挙はきっとうまくいくと思います」
N「え？」
D「何もかもうまくいくでしょう」
N「ああ……それにしても君の処理の仕方は巧みだったね。あちこちの漏れ口に指をあててふさいでくれた」

【証　言】

D「大統領は私がうまくやったと誉めてくれました。そして事件がリディ（財政顧問）でとまったことを感謝してくれました。私は，お誉めには及ばないと申しました。またこの時間がおわるのはずっと先だし，事件が決して明るみに出ないとは確信できないと申しました」

N：ニクソン大統領の発話，D：ディーンの発話。

7-3 物語のメカニズム

●談話文法の獲得と子どもの語り

物語るということは知識や経験をもとにして想像世界を創り出し，それをことばで表現するという営みの典型的なものである。表象を統合し，想像世界にまとめあげる段階で，ことばがとりわけ重要な役割を果たす。子どもは2歳頃から語り始めるがその語りは断片的である。文法規則は出来事の時間・空間関係を動かす様式であり，秩序だった文を構成する心的枠組みである。3歳頃までに母語の文法が獲得されると時間の流れに沿った物語が語れるようになる。5歳後半すぎに「談話文法」あるいは「物語文法」（談話や物語の出来事の展開の時間的枠組み）が獲得されると子どもの語りには起承転結の構造が整ってくる（表7-9）。

●カットバックの演出——「逆接の」接続助詞

「その笹は一日だというのにぐんぐん伸びて天まで届きました」という表現に使われている逆接の接続助詞は，この出来事が現実のものではないことを告げる表現である。物語という虚構世界でなら「笹が伸びて天まで届く」という不思議な出来事が起こっても不思議ではない。多くのファンタジー作品には現実世界では起こらない出来事を組み込んで語る演出手法のカットバック（「組み込み技法」）を使っているものが多い（表7-10）。カットバックによって「意外な出来事」や「脱線」が組み込まれ，筋の展開に緊張がもたらされる。これらの不連続な要素は「それは夢だったのです」とか「回想シーン」であることを示すことばやせりふが挿入されることによって緊張が解消される。このようにファンタジー作品には，現実の時間とは関連のない一種の論理的時間が打ち立てられ，「可逆的操作」を使って前進と後退のエピソード

表 7-9 語る力が発達することにより談話文法の獲得と語彙の増加がもたらされる

- **「談話文法」（物語文法）**
談話・文章の時間的展開を構成する。
（文法は 3 歳頃までに，談話文法は 5 歳後半すぎ）
- **事件・出来事を語る**
(1) 起承（転）結構造
(2) 常套句・常套の演出技法

表 7-10 ファンタジー作品における虚構と現実の関係づけ——カットバック

作品の中で「夢の中の出来事」を描くことによって読者を異次元世界へと導く手法。

- **カットバックの例——宮沢賢治『銀河鉄道の夜』**
ジョバンニが親友のカンパネルラと銀河鉄道に乗って不思議な旅を体験する。この体験は夢の中の出来事であった。

> 「ジョバンニは目を開きました。もとの草の中につかれて眠っていたのでした。胸はなんだかおかしくほてり，ほうにはつめたい涙が流れていました。」 　　　　　　　　　　（ジョバンニが夢からさめて現実に戻った場面）

- **作者の宮沢賢治自身も創作の過程で現実に起きた出来事の影響を受けていた**

1912 年 4 月 15 日深夜	タイタニック号沈没事故発生
1924 年頃（～1931 年頃）	初稿執筆
1933 年	宮沢賢治死去→草稿が発見される（作品中には，タイタニック号沈没事故の犠牲者をモデルにしたと思われる登場人物が現れる）
1934 年	初版刊行

7-3 物語のメカニズム

が構成されていく。

●虚構と現実の往復の手段──「可逆的操作」

　虚構と現実を往復する可逆的操作は何歳から使えるようになるのであろうか。子どもに2つの場面（①男の子が石につまずいた場面，と②けがをして泣いている場面）をつなげてもらった。このとき出来事の起こった順に①→②へとつなげる「順向条件（時系列型）」（図 7-3）と結果の②を述べてから原因や理由の出来事①を説明する「逆向条件（結論先行型）」（図 7-4）を設けた。順向条件では「①男の子が石につまずいて転んでしまいました。そして，それから→②ケガをして泣いてしまいました」と出来事を起こった順に時系列につなげればよい。逆向条件では「②男の子は泣いてしまいました。→①だって，さっき石につまずいて転んで，ケガをしてしまったからです」というように，まず結果の出来事を述べた後，「だって，さっき……してしまったから」と後から原因をつけ加えて説明しなくてはならない。つまり可逆的操作を使って「結論先行の因果律」で表現しなくてはならない。実験の結果，順向条件では3歳児でも2つの場面（出来事）をつなげることができた。しかし，逆向条件は5歳児であってもつなげることが難しく，言及順に出来事が起こったように時系列因果で語ることが多かった。逆向条件では，まず②結果の出来事を述べてから①出来事の原因を付け加えなくてはならない。しかし子どもは，話す順番に出来事が起こったようなお話につくりかえてしまうことが多かった。

　①アサガオの芽が出た場面と②アサガオの花が咲いている場面の課題では，「②アサガオが，①小さくなって芽になった」（5歳3カ月女児）とか，「②アサガオが咲きました。種ができたので

図 7-3 順向条件(時系列因果)(内田,1985)

図 7-4 逆向条件(結論先行の因果律)(内田,1985)

種まいたら，①また芽が出ました」（5歳10カ月の女児）と，語る順に時系列表現につくりかえてしまう。この結果は幼児期には可逆的操作は使えないということを意味しているのであろうか。

2歳代の終わりから子どもは「だって〜だもん」という「逆接の接続形式」を使って母親に異議申し立てをする。この逆接表現を実験場面で思い出してもらうため模倣反復訓練を行った（図7-5）。その結果5歳後半すぎの子どもは結論先行の因果律表現を使って2つの出来事をつなげることができた（図7-6；内田，1985）。

可逆的操作を使って2つの出来事をつなげるためには，第1に，出来事が起こった時間が前か後かがわかり，第2に，絵カードを見比べて時間の前後で出来事の何が変化したかを把握した上で，第3に，語る順番は時間を遡る表現形式になるということを自覚しなければならない。可逆的操作は時間概念の獲得と軌を一にして獲得されることも確認された。

● **ファンタジーの理解と産出を支える認知的基盤**

物語を産出する営みはまず，まず片言で出来事の断片を語ることからはじまる。やがて3歳後半から4歳前半にかけて出来事を組み合わせ統合してことばで表現できるようになる。やがて，生活の中での経験を利用できる題材なら，もっと多くの出来事に筋道をつけて話せるようになる。さらに4歳後半〜5歳前半になると，事件を盛り込んだ話，「欠如―補充」「難題―解決」のような語りの形式を獲得するようになる。さらに，5歳後半から可逆的操作が使えるようになると，「夢」とか「回想」のような「組み込み技法」を使ったファンタジーが生成できるようになるのである（内田，1996）。

図7-5 模倣訓練
3回真似させると逆向きにつなげることができた。

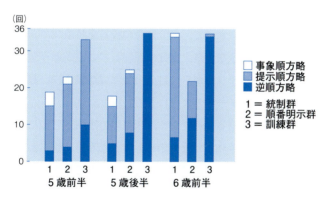

図7-6 模倣訓練の結果（内田，1985）

模倣実験の結果，3回模倣した後，子どもは「因果律⇔可逆的操作」を使ってつなげることができた。5歳をすぎたら，保育者は子どもに「どうしてかな？」と理由を尋ねると，論拠や根拠をあげて説明する力が育つ。

ファンタジーをつくりだす営みは，幼児期にその発達の上で重要な質的転換期を 2 度迎える。「第 1 次認知革命」と「第 2 次認知革命」である（第 3 章参照；内田，2008）。物語の産出能力の発達は，この認知的基盤の発達的変化と呼応している。

　まず象徴機能の成立は生物的存在からイメージを意識内容にもつことのできる人間的な存在へと脱皮させる。意識の時間軸は現在から過去へと広がることになる。しかしまだ行為者としての自己を意識化することはできない。他人との相互作用，大人の援助のもとで次第に自己自身の意識化がはじまる。やがて，5 歳後半から，行動のプランをもち始め，意識の時間軸は確実に未来へと広がるようになる。ここで次の 3 つの認知の働きが起こる。

　第 1 に，自己の中にもう一人の自己が芽生える。すなわち，自分の中に他者の目「メタ認知」をもつことができるようになるのである。このことによって，自分自身の行為を対象化できるようになる。物語を聞きながら，自分が理解しているかどうかを評価し，物語を他人に語りながら，自分のことばが相手に伝わっているかどうかをモニターするようになる。

　第 2 に，過去に遡るだけでなく，未来への予期が可能になる。習慣として繰り返される「近い未来」はかなり早くからわかっているが，幼児期の終わりには，長い将来にわたる見通しや自分はどうしたいかについてプランが立てられるようになる。

　第 3 に，カント以来，時間概念は因果の枠組みを基礎に成立すると考えられているが，この因果の枠組みが整ってくる。子どもも大人も原因から結果へ，すなわち，時間経過の「前から後ろへ」と推論するほうが易しい。結果の出来事をみて，その原因を推論することは難しい。「後ろから前へ」遡って推論し，しかも，

ことばできちんと表現できるようになるのは5歳後半すぎのことである。

参考図書

内田伸子（1990）．想像力の発達――創造的想像のメカニズム――　サイエンス社

　子どもの語りの変化を認知心理学の手法を用いて解明した啓蒙書。

内田伸子（1994）．想像力――創造の泉をさぐる――　講談社

　想像と創造の関係を心理学や哲学の分野の文献に基づき明らかにした啓蒙書。

内田伸子（1996）．子どものディスコースの発達――物語産出の基礎過程――　風間書房

　実験心理学の手法を用いて子どもの物語の発達過程を解明した専門書。

学力格差は幼児期から始まるのか
学力格差と経済格差

　現在，我が国では学力格差が問題になっている。学力格差は家庭の世帯収入を反映するので，世帯収入の低い家庭の子どもの学力が低いのではないかと指摘されている。学力格差は幼児期から始まるのであろうか。学力基盤力となるリテラシーや語彙能力の発達，親子の会話も経済格差の影響を受けるのであろうか。この章では，現代の子育ての実態を探り，幼児期の生育環境や保育環境が子どもの学力にどのような影響を及ぼすのかについて明らかにする。

8-1　学力格差は幼児期から始まるのか
● 経済格差とリテラシーの習得との関連

　幼児期の**リテラシー**（読み書き能力）の習得は子どもの認知発達と強い関連がある（内田，1989，2008；東ら，1995）。幼児期から習得し始めるリテラシーや語彙力は小学校以降の学力テストの成績とどのように関連しているのであろうか。また，教育社会学者やマスコミは「学力格差は経済格差を反映する」と指摘しているが，経済格差は子どもの認知発達や親子のコミュニケーションにどのような影響を及ぼすのか。

　リテラシーや語彙の習得に及ぼす社会・文化・経済の要因の影響について明らかにするため，日本・韓国・中国・ベトナム・モンゴルの大都市（それぞれ東京・ソウル・上海・ハノイ・ウランバートル）に住む3,000名の3, 4, 5歳児とその保護者や保育者を対象にして短期縦断調査を実施した（**表8-1**；内田・浜野，2012）。

　リテラシーの発達について幼児3,000名に個別の臨床面接調査を実施した。保護者には世帯収入，早期教育への投資額，親の学歴，蔵書数やしつけのスタイルなどについてアンケート調査を行った。幼稚園や保育所の文字環境や保育形態などは保育者（幼稚園教諭や保育士）を対象にアンケート調査を実施した。そして，調査対象者の世帯収入によって高所得と低所得に分け，経済要因が子どものリテラシーや語彙力とどのような関連があるかを比較した。

　日本（東京），韓国（ソウル），中国（上海）のいずれもリテラシーと世帯収入とは相関がみられなかった。幼児期の終わりには読みや書きの準備状態（手指の運動調整能力や音韻的意識）は経

表 8-1 経済格差と読み書き能力・語彙力との関連
　　　　——日韓中越蒙国際比較短期縦断研究（内田・浜野，2012）

- 読み書き能力については所得との関連はないが，語彙力については所得の高いほうが豊かであった。

- 指導の形で教えられる一斉保育よりも，自由遊びの時間が長い「子ども中心の保育」のほうが語彙力が豊かになる。

- 所得の高低にかかわらず，強制型のしつけよりも共有型のしつけをしている家庭のほうが，読み書き能力・語彙力共に高い。

- 所得よりも，触れ合いを重視し，楽しい体験を共有する家庭の子どもの語彙力が豊かになる。

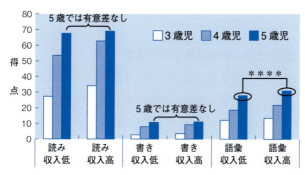

図 8-1　リテラシーの習得と経済格差の関連
（内田・浜野，2012 より）
****：$p<.001$

済の要因とは関連がなかった。しかし，絵画語彙検査で測定した語彙力については世帯収入との相関が検出され，加齢に伴い関連性が強まることが見出された。世帯収入の高い家庭の子どもの語彙力は低所得層の子どもよりも豊かであることが明らかになった（図 8-1）。

● **通塾のタイプとの関連**

家計の豊かな家庭では，習い事をさせているのかもしれないので，幼児期の早期教育の影響を調べてみた。読み，書き，語彙と通塾との関連をみてみると，「読み能力」と「模写力」においては通塾との関連はなかったが，語彙力は通塾と関連していた。習い事の種類——芸術系・運動系（ピアノやスイミング，体操教室など）と学習系（受験塾や英語塾）——は語彙得点とは無関係であった（図 8-2）。習い事の中身が語彙を豊かにするわけではなく，塾に通うことにより，幼稚園や保育園の保育者や仲間とは別の大人や子どもに出会い，コミュニケーションの機会と多様性が増すことによると推測された。

● **保育形態と子どもの語彙力との関連**

読みテストや模写力には幼稚園か保育所かといった園種の違いはなかったが，語彙力は保育形態による違いが検出された。自由遊びの時間が長い「**子ども中心の保育（Child-centered Education）**」の幼稚園や保育所の子どもの語彙得点が高く，小学校準備教育として文字や計算，英会話や体操などを教えている一斉保育の幼稚園や保育所の得点が低いということが明らかになった（図 8-3）。

文字や計算は子どもの遊びの中に持ち込まれるものであり，一斉保育で文字指導や計算の指導の形で大人から教えられるもので

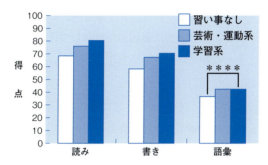

図8-2 **習い事の種類と読み・書き・語彙との関連**(内田・浜野,2012より)
****：$p<.001$

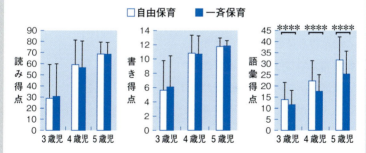

図8-3 **保育形態による語彙力の差**(内田・浜野,2012より)
****：$p<.001$

はないのである。

● しつけスタイルと子どもの語彙力の関連

子どもへの関わり方、つまり、子どものしつけのスタイルがリテラシーや語彙力に関連があるかどうかを調べるために親のしつけについて分析した。調査に参加した親の**しつけスタイル**は、①「共有型」（子どもとの触れ合いを大切に、楽しい体験を親子で共有する）、②「強制型」（禁止や命令、力のしつけを多用し、子どもを親に従わせようとする）、③「自己犠牲型」（子どもが何より大切で、子育て負担感が大きい。育児不安か放任・育児放棄に二極化）の3つに分かれた。

しつけスタイルとリテラシーや語彙力には相関が検出されたので、どのような関連があるかを明らかにするために「共分散構造分析」（一つひとつの要因を統制してリテラシーと語彙得点がどの要因と相関するかを検出する統計法）にかけたところ、共有型しつけを受けている子どものリテラシー得点や語彙得点が高く（図8-4）、強制型しつけを受けている子どものリテラシー得点と語彙得点は低かった（図8-5）。

● 共有型しつけの親は本好き

家庭の所得の高低にかかわらず、共有型しつけをしている家庭は蔵書数が多く親自身も読書が好きであり、子どもにも乳児期から絵本の読み聞かせをしていた。読み聞かせ体験の多い子どものリテラシー得点・語彙得点は高かった。

逆に、「決まりを作りやかましく言わなければ気が済まない」「言いつけたとおりにするまで子どもを責め立てる」「行儀をよくするために罰を与えるのは正しい」「しつけのために子どもをたたくこともよくある」「悪いことをしたら罰を与えるべき」「でき

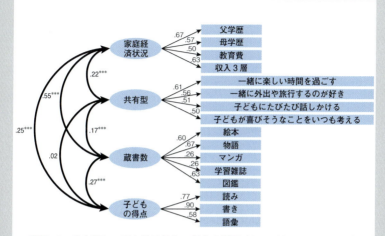

図 8-4　共有型しつけとリテラシー得点の関連（内田・浜野，2012 より）
***：$p<.001$

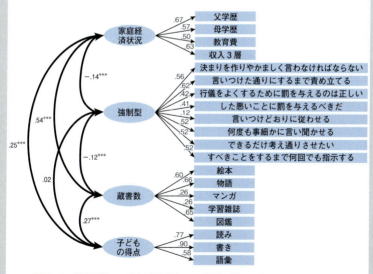

図 8-5　強制型しつけとリテラシーの関連（内田・浜野，2012 より）
***：$p<.001$

るだけ親の考えのとおりに子どもを育てたい」「すべきことをするまで何回でも責め立てる」など,トップダウンの強制型しつけスタイルのもとでは,家庭の所得の高低にかかわらず,子どものリテラシー得点と語彙得点が共に低く,蔵書数も少ないという特徴がみられた。

以上から,家庭の所得にかかわりなく,大人が子どもと対等な関係での触れ合いを重視し,楽しい体験を共有する家庭の子どもの語彙力が豊かになることが示唆された。

8-2　幼児期のリテラシーと児童期の学力テストとの関連

その後,幼児調査に参加した5歳児(920名)を小学校1年(321名)までを追跡調査した。小学校1年生の3学期に語彙検査(芝式語彙検査)と国語学力検査(PISA型読解力検査)を受けてもらった。幼児期の語彙能力(絵本の読み聞かせ体験)と書き能力(図形の模写能力)の高い子ども,造形遊びやブロック遊びをよくしていた手指の巧緻性の高い子どもは,小学校の国語学力テストの成績が高かった(図8-6,表8-2)。

世帯収入は,小学校1年時の国語学力や語彙力とは関連はなかったが,しつけスタイルは国語学力や語彙力と有意な因果関係が認められた。幼児期に共有型しつけを受けた子どもたちの国語学力や語彙力が高く,逆に,幼児期に強制型しつけを受けた子どもは国語学力や語彙力が低くなることがわかった。

●しつけスタイルと親子の会話の質の違い

子どもは身近な大人との相互作用を通して語彙を獲得していく。子どもが大人との相互作用に,主体的,自発的にかかわるときに

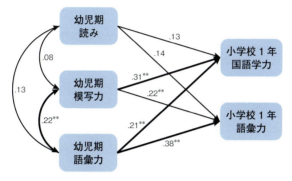

図 8-6　幼児期の読み書き能力・語彙力と小学校での国語学力の関係
（内田・浜野，2012 より）
**：$p<.01$

表 8-2　小学校の学力への影響因

1. 幼児期の語彙の豊かさと指先の器用さは小学校の国語学力に影響する。
2. 幼児期のしつけスタイルと子ども中心の保育は小学校での国語学力に影響する。

しつけスタイルや保育形態は親がコントロールできる。

語彙が増え，言語発達が促されるという知見は多い（例：Fletcher & Reese, 2005；Kang et al., 2009）。これらの知見では，読み聞かせの量ではなく，どんなふうに読み聞かせるかが，言語発達や認知発達，読み書きの習得に影響していることが示唆されている。また親子の問題解決場面での母子相互作用については，ワーチら（Wertch et al., 1980）が，子どもがパターンブロック課題を解いているときに難題にぶつかったとき，先に進めないことを親が敏感に察知して適切な援助や足場（scaffolding）を与えてやることによって，子どもが先にすすめるようになると報告している。これはさらにしつけスタイルによって援助や足場のかけ方が違ってくるものと想定される。これらの仮説を検証するため，筆者らは家庭訪問調査を実施した（齋藤・内田，2013a, b）。

● **子どもを伸ばすことばかけ**

高所得層で高学歴の専業主婦の中からしつけのスタイルのみ異なる共有型と強制型，それぞれ28組ずつ合計56組を対象にしてブロックパズル課題（図8-7）と絵本の読み聞かせ場面（図8-8）での親子のやりとりを観察した（齋藤・内田，2013a, b）。読み聞かせの場面において絵本の最後の頁での共有型の母親と強制型の母親のことばかけの違いを図8-9に例示する。

共有型の母親たちは，子どもに対して敏感で，指示するのではなく，あくまでも子ども自身に決定を委ね，それを脇から支える援助的な関わりをしていた。子どもも自発的な探索行為が多く，自分自身で考え，工夫して課題を遂行しようとする態度がみられた。課題に取り組んでいる親子の様子は，リラックスしていて楽しそうであった。一方，強制型の母親は，子どもの解決中に過度な干渉や介入をし，母親が想定した「正解」に到達するよう強制

①易しい課題　　　　　②難しい課題

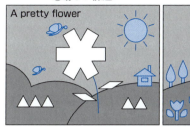
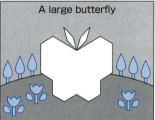

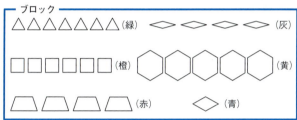

図 8-7　ブロックパズル課題（齋藤・内田，2013a より）

6種類のブロックを2種類の課題シートの空白部分に親子共同で置くように求め，その様子を観察する。

（あらすじ）ひよことあひるとうさぎを太らせて食べようとしていたきつね。しかし，純粋な3匹と一緒に暮らすうちに心は変わり，最後はおおかみから3匹を守って死んでしまう。
（作：あまんきみこ・絵：二俣英五郎『きつねのおきゃくさま』）

図 8-8　絵本の読み聞かせ場面の母子のやりとりの様子
（齋藤・内田，2013a より）

している姿がみられた。それに対応するように，子どもは母親の指示を待ち，自発的・主体的に探索しようとはしなかった。困ったときにはすぐに母親に援助を求め，母親の指示に従い，母親に依存しながら課題を遂行しようとした。母親が働きかけるとすぐにそれに従ってしまう態度からは，子どもの自律的思考力や探究心が育たないのではないかと推測される（表8-3）。

● **気分一致効果**

強制型しつけのもとではなぜ子どもの学力は伸びないのであろうか。社会心理学では楽しい気分のときには記憶力が高まり，不快なときには記憶力が低下するという気分一致効果が見出されている（富山，2013）。そのことが，気分が学力に影響を与える根拠になると考えられる。

脳科学でも強制型しつけのもとで記憶力が低下してしまう証拠が見出されている。大脳辺縁系のストレスを感じる「扁桃体」で緊張や不快を感じると，記憶を司る「海馬」で失敗例がよみがえり，他のことを考えられなくなり，頭が真っ白になってしまうのである。扁桃体で快感情が喚起されると，情報伝達物質が「ワーキングメモリ」に送られ海馬が活性化する。体験の記憶が記憶貯蔵庫に蓄えられるのである。

「遊び」は仕事と対立する概念ではない。怠けることを意味しているのでもない。子どもにとっての遊びとは，心・頭・身体が活発に働いている状態なのである。白川（1970）は「遊びは自由と創造の空間」であると指摘している。自発的な遊びを通して子どもは楽習（楽しく学ぶ）する。楽しく活動しているときには「好きこそものの上手」という状態になり，自立的・自律的に考える力も伸びるのであろう。

まるまる ふとった ひよこと あひると うさぎは、にじの もりに ちいさい おはかを つくった。そして、せかいいち やさしい しんせつな かみさまみたいな そのうえ ゆうかんな きつねのために なみだを ながしたとさ。とっぴんぱらりの ぷう。
(作:あまんきみこ・絵:二俣英五郎『きつねのおきゃくさま』)

【共有型】
母親(子どもの顔を見ている。)
子ども「え? きつねさん死んじゃったの? やさしかったのに。しんせつだったのに」
母親「そうね。しんせつだったのにね」
と共感的にサポートする。

【強制型】
母親「とっぴんぱらりの ぷう。(パタンと本を閉じて、)今のお話どういうお話だった? 言ってごらん」
 (子どもが間違えると……)
母親「え? ママそんなふうに言ってない。ここ読んでごらん」
 (子どもに読ませ、)
母親「ほらね。間違えてるじゃない。ダメよ。ママのことばしっかり聞いてないと!」
と勝ち負けの言葉を投げつける。

図 8-9 共有型と強制型の母親の子どもへのことばかけの違い
(齋藤・内田, 2013a より)

表 8-3 問題解決場面や絵本の読み聞かせ場面でみられる母親のことばかけとしつけスタイルとの関係(内田・浜野, 2012 より)

【共有型(洗練コード)】	【強制型(制限コード)】
● 考える余地を与える援助的なサポートをする。 ● 子どもに敏感で子どもに合わせて柔軟に調整する。 ● 3つのH(ほめる・はげます・ひろげる)のことばかけが多い。	● 考える余地を与えない指示的・トップダウン的な介入をする。 ● 過度な介入、情緒的サポートの低さがみられる。 ● 3つのHのことばかけがない。
↓	↓
子どもは遊びに熱中し、楽しそうな様子。主体的に探索し、自律的に考えて行動する。	子どもは親の指示を待ったり、顔色をうかがったりと、緊張している様子。主体的に探索せず、他律的な行動をとる。

8-3　遊びと将来の学力との関連

　国際比較追跡研究や家庭訪問調査から，幼児期の親のしつけや子ども中心の保育が小学校の学力テストに影響することが明らかにされた。では，幼児期の過ごし方は大人になるまで影響するであろうか。この問題を明らかにするため，23〜28歳までの成人の娘・息子を2, 3人育てた親2,000名を対象にして就学前にどのようなことに力を入れたか，どのようなしつけをしたかについて，ウェブ調査を実施した（内田，2014）。

　受験偏差値68以上の大学を卒業して難関試験（司法試験や国家公務員試験，調査官試験，医師国家試験など）を突破した娘や息子をもつ親は子ども時代に思いっきり遊ばせたという回答が有意に多かった。さらに，親は子どもと楽しい時間を一緒に過ごすことが多く，子どもの好きなことに集中して取り組ませたと答えている。絵本の読み聞かせも十分に行っており（図8-10），「共有型しつけ」が有意に多かった（図8-11）。

　では，なぜ乳幼児期のしつけが大人になるまで影響を及ぼすのであろうか。親が子どもの自発性・内発性を大事にしていて，子どもが熱中して遊ぶのを認め，「面白そうだね」と共感してくれる。子どもは大好きな親にほめられると嬉しいし，達成感も増す。小さな成功経験を重ねながら自信ももて自尊感情が育っていく。難題をつきつけられても，「きっと自分は今度も自力で解決できる」という気持ちになり，挑戦力や回復力（レジリエンス）もわいてくる。少々のストレスにもめげずあきらめずに挑戦し続けるのである。こうして大人になるまで，自力で達成することを積み重ねた結果，難関試験を突破する力を身につけるまで育っていったのであろう。

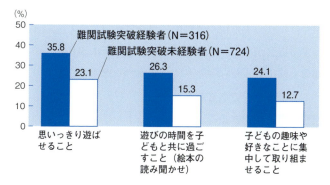

図 8-10　小学校就学前の子どもに意識的に取り組ませていたこと
（内田，2014より）

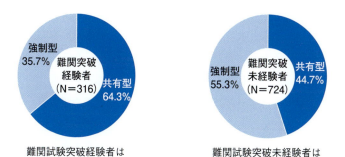

難関試験突破経験者は
共有型が多い。

難関試験突破未経験者は
強制型が多い。

図 8-11　難関試験突破経験者と親の子育てスタイルとの関連
（内田，2014より）

8-3　遊びと将来の学力との関連

学力格差や経済格差を反映しているというのは，見かけの相関であるにすぎない。経済格差が真の原因ではないのである。高所得層では，家庭の文化資源が豊かで，蔵書数も多い。親子で旅行に出かけたり，美術館や博物館に出かけるなど子どもの体験を豊かにする機会が多い。親は子どもの主体性を大事にし，子どもを一個の人格をもった存在として，主体性を尊重する関わりをしていることが多いのである。

● 親や保育者ができること

　親や保育者としては，「50の<u>文字</u>を覚えさせるよりも，100の『<u>何だろ？</u>』を育てたい」ものである。自分から本当にやろうとしないと自分の力にはならない。自分で関心をもてばあっという間に習得してしまう。文字は子どもの関心の網の目に引っかかってくるにすぎない。肝心なのは文字が書けるかどうかではなく，文字で表現したくなるような内面の育ちである。乳幼児期から児童期にかけての発達課題は創造的想像力を育むことである。親や保育者は子どもと次のようにかかわっていただきたいものである。

　第1に，子どもに寄り添い子どもの安全基地になること。

　第2に，その子自身の進歩を認め，ほめること。

　第3に，生き字引のように余すところなく定義や説明を与えるようなことはしない。

　第4に，裁判官のように判決を下さない。禁止や命令ではなく，「〜したら？」と提案の形で子どもの意思を確認していただきたい。

　第5に，子ども自身が考え，判断する余地を残すこと。

　大人が子どもの主体性を大事にした関わり方をすることによって，考える力や想像する力が育まれる。保育者や親は，子どもが

質問したとき,すぐに回答や解説をしないでいただきたい。我が子がどのようなところにつまずき,どこに疑問を感じて先に進めないのかをよく洞察してほしい。子どもがつまずいている点が洞察できれば,「足場(scaffolding)」(Wertch et al., 1980)をかけて子どもが一歩踏み出せるように援助することができる。大人が適切な足場をかけてあげれば,幼児であっても科学者が辿るような仮説検証の過程を自力で達成できる。

　子どもが疑問をもって質問してきたときにはすぐに答を与えてしまわずに,子ども自身が自力で探究できるように足場をかけてあげてほしい。大人のこのようなかかわりを通して自律的思考力や創造的想像力が育まれるのである。大人ができるのは足場をかけるところまでなのだ。足場を上り,その後どのような作業をするかを決める主人公は子どもなのである。

参考図書

内田伸子・浜野　隆（編著）(2012)．世界の子育て格差——子どもの貧困は超えられるか——　金子書房

日韓中越蒙国際比較短期縦断研究の成果をまとめた啓蒙書。

内田伸子・松木正子・神戸佳子（2013）．お母さん知っていますか？　子どもの「つまずき」には理由がある！——学習，こころ，友だちの問題をサポート——　PHP研究所

児童期の「9歳の壁」はなぜ高いのか？　どのような支援を与えれば壁を乗り越えられるのか？　発達心理学者とお茶の水女子大学附属小学校のスーパーティーチャーと目される教師たちが支援の極意を提案した啓蒙書。

内田伸子（2014）．子育てに「もう遅い」はありません　冨山房インターナショナル

子育ては本来楽しいもの。親の思い通りに育てようとするから子どもとぶつかってしまうのだ。子どもを一個の人格をもった存在としてていねいにつきあっていただきたい。子どもと楽しい体験を共有しながらの子育てを目指す「共有型しつけ」のススメ。子育ての悩みについてQ＆A形式でわかりやすく提案している。

考える力を育むことばの教育
メタ認知を活用する授業デザイン

　ある対象を「わかる」とか「知る」ということは他人にコミュニケートできるような形で対象をとらえていることを意味している。自分がよくわからないことは子どもも大人もよく説明できない。他人に理解させ，感情的にも「納得」させて，受け入れてもらえるような説明をするには，説明者自身が「理解」し，「納得」することを経て，他人に「説明」しなくてはならない。しかも，相手を「説得」するには，理性と感性の恊働が必要なのである。他者に説明するときにどれだけ頭を使って推論を働かせ，合理的な判断を行うか，さらに，どれだけ説得的な表現を産出できるかについては，ことば，すなわち論理力の指導が必要である。

9-1　日本の子どもの学力低下の背景

●活用力——拡散的思考力の欠如

　思考力は，1つの答に収束する「収束的思考力」と答は複数ありうるし，答に至る経路も複数あるような「拡散的思考力」に分かれる（第7章参照）。収束的思考力はアチーブメントテストで測定されるが，拡散的思考力は経済協力開発機構（OECD）が2000（平成12）年から3年ごとに実施しているPISA調査や文部科学省が毎年実施している全国学力・学習状況調査（以下「学力テスト」と略記）の活用力問題（B問題・文章題）で測定される。日本の子どもは課題に直面したときに，覚えた知識を使って回答しようとする傾向が強い。しかし，正解は複数あり，正解に至る課題解決の経路も複数あるようなPISA調査や学力テストの文章題（活用力問題）の成績は低い。

●論証に向かない日本語談話の構造

　内田（1999）は，第2言語としての英語の習得に母語談話がどのような影響を及ぼすかについて，幼児や児童を対象にして図のような絵本について物語を語ってもらった（図版例；図9-1）。日本語母語話者は「時系列談話」；順向方略（Forward reasoning：And-then reasoning）で語ったが，英語母語話者は「因果律談話」；逆順方略（Backward reasoning：Why-because reasoning）」を使って語る（図9-2）。しかも，英語母語話者の子どもは幼稚園（キンダーガルテン）や小学校1年で，「言語技術（language arts）の授業を受けパラグラフ構成法を習得する。そのため英語母語話者の書字作文は因果律中心になる。教室談話や家庭での会話でも日本では時系列談話が使われ，アメリカでは結論先行の因果律談話が多い（渡辺，2004）。子どもの書く作文も日本では時

(作・絵:マーサー・メイヤー『かえるくんどこにいるの?』p.1)

図9-1 実験材料の図版例(内田,1999より)

日本語(韓国語)母語話者の語り

男の子と犬がベッドで眠っていた。そしてかえるがこっそり逃げ出した。
【時系列因果】
そして,それから
○○なった。

英語(ドイツ語,フランス語)母語話者の語り

かえるがこっそり逃げ出した。どうしてかというと,男の子と犬が眠りこけていて,音に気づかなかったから。
【結果先行の因果律】
○○だった。
なぜなら,
どうしてかというと,
△△だったから。

(作・絵:マーサー・メイヤー『かえるくんどこにいるの?』p.2)
事件の発端(かえるが逃げ出す場面)。

図9-2 日本語母語話者と英語母語話者の語り方の違い(内田,1999より)

系列因果律，アメリカでは結論先行の因果律になる。

　英語では，ある結論を導くのに問題点（トピック）をまず提起し，証拠をあげて検証しながら結論づけていくという談話構造が特徴的であるが，日本語では，最後に大事な結論が述べられるため，何が問題になっていたかは最後まで読まないとはっきりしない。談話構造の日米の違いは論理の組み立て方の違いを反映している。英語は結論先行の因果律で相手を説得する表現を使うが，日本語はもっぱら時系列因果律で論証を進める。

9-2　言語力育成への取組み
●メタ言語意識の発達

　幼児期の終わりから「メタ認知（meta-cognition）」が働き始め，児童期中期になると「メタ言語意識（meta-language-cognition）」が活発に働くようになる。「メタ」というのは「俯瞰する」とか「対象化する」という意味で，言語自体を自覚的にとらえる意識を指している（表9-1）。ことばを自覚化するには，私たちがふだん使っている読み，書き，聴き，話すために使っていることばとは別の様式の言語表現――古典（古文や漢文），伝統話芸，さらに，方言，外国語――にふれることが不可欠である。

●学力基盤力としての言語力

　ことばは確かな学力を形成するための基盤となる。ことばは他者を理解し自分を表現し社会と対話するための手段で，知的活動や感性・情緒の基盤である（表9-2）。ことばを駆使して論理的な思考を達成するにはどうすればよいか，そして，各教科にこの言語力の育成をどう反映させることができるか。この道筋を描きだせるか否かが，日本の教育改革の成否の鍵を握っている。

表 9-1 「メタ認知」とは何か？

1. 「メタ認知」とは？
   物事を俯瞰したり，多角的な視点から眺めてみること。
   ⇔省察（振り返り）
2. メタ認知を働かせると？
   自分の認識や，自分を取り巻く状況を冷静に把握し，状況に応じて自分の考え方やふるまい方を変えていけるようになる。

→授業では「学びの振り返り」を組み込むことが効果的である。

表 9-2 論理的思考力を育てるには？

言語力は，確かな学力を形成するための基盤となる。
↓
ことばを駆使して，論理的な思考力を身につけるには？
↓
学習状況改善のため，成績上位校と下位校を比較し，原因を検証した。

広島県教育委員会では全国学力・学習状況調査の検証改善委員会を立ち上げ，学力テストの成績上位校と下位校を比較した（図9-3）。学力テストの成績の高低を分けたものは，①基礎的・基本的な事項の定着の度合い，②実生活の体験や既有知識の活かし方の度合い，③自分の考えを書く指導に力を入れたかどうかの違い，④論拠づけの言語技術の習得のため結論先行型の作文指導を行ったかどうかの4点であった（表9-3）。

● **言語活用の技術――結論先行型作文の教育**

　国語の平均正答率が高い学校は，結論先行型で根拠をあげて意見を述べさせる指導に重点をおいたと回答している割合が大きかった。論拠をあげて説得するためには「可逆的操作」を用いて根拠づけや理由づけをしなくてはならない。人は周囲で起こる出来事を理解するとき三段論法推論のような論理的推論を使っているわけではなく，いつも原因と結果の関係を考えている。この出来事の原因は何か，このことが起こったら結果はどうなるかなど，原因と結果の関係をとらえようとするのである。結論先行型作文教育は，時系列談話を特徴とする日本語談話を母語とする子どもたちに「相手を説得する表現形式」を習得させるのに功を奏したものと考えられる。

9-3　論理科カリキュラムの開発と実践

● **「論理科」の開発**

　熊本大学教育学部附属小学校や広島県の安芸高田市立向原小学校ではメタ認知を活用して，結論先行型で理由づけや論拠を述べる言語形式を習得させる「論理科」を開発した（内田ら，2012；内田，2016）。

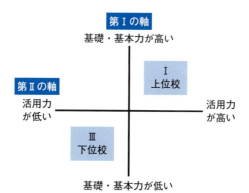

図 9-3　全国学力・学習状況調査成績上位校と下位校の比較
（広島県検証改善委員会，2008 より）

ⅠとⅢの比較は，①授業観察，②児童・生徒へのインタビュー，③教師へのインタビューから行った。

表 9-3　学力上位校と下位校で違っていた 4 点（広島県検証改善委員会，2008 より）

---

1. **基礎的・基本的な事項の定着**
国語の平均正答率が高い学校は
（1）「漢字・語句など基礎的・基本的な事項を定着させる授業」をよく行っている割合が大きい。
（2）「目的や相手に応じて話したり聞いたりする授業」をよく行っている割合が大きい。

2. **実生活の体験や既有知識の役割**
子ども実生活の体験や既有知識を大事にした授業づくりを心がけている。
「学びの原理」に適っている。人は帰納的に推論する。人は，類推を働かせ，既有知識や経験に関連づけて新しい情報を導入する傾向をもつ。

3. **自分の考えを書くことを大事にした授業づくり**
（1）国語の正答率が高い生徒は，自分の思いや考えを書くことが多いと回答している場合が多い。
（2）国語の平均正答率が高い学校は，書く習慣をつける授業をよく行ったと回答している割合が大きい。

4. **言語技術の活用（結論先行型作文教育）**
国語の平均正答率が高い学校は，結論先行型で根拠をあげて意見を述べさせる指導に重点を置いたと回答している割合が大きい。

教育目標は，第1に，情報（図表・文章など）に表された内容を読み解く，第2に，内容の真正性や考えの妥当性について判断する，第3に，事実や考えを筋道立てて表現する，の3点である。論理科では，2つのモノやコトを①比較・類推し，②ワークシートに相違点と共通点を記させ，③ワークシートに自分の考えを書きつけ省察（メタ認知）し，④2つのどちらがよいか論拠をあげてグループ討論やクラス全体の討論をし，⑤自己内対話と他者との対話（討論）を通して結論を出していく（表9-4）。

● **対話学習が成功する前提条件**

　現在，全国の小中学校で行われるに伴い，新たにヴィゴツキーやデューイによる学びの社会的構成主義が再評価され，授業過程に教師と子どもたち，子ども同士の対話やグループ討論，ディベートなどを取り入れて，知を社会的に共同構成しようとする実践が増えている。しかし，対話学習を取り入れても，必ずしも豊かな対話――知を社会的に構成する生産的な対話――が生まれるわけではない。対話学習が成功するにはいくつかの条件がある。

　第1に，授業で取り上げる教材，学習材が面白くなくてはならない。面白い教材とは，子どもの生活に身近であり，子どもの経験や既有知識を活性化するような材のことである。考えがいのある教材を取り上げることができれば，交流によってオーセンティックな（真正性・切迫性のある）学びの状況がつくりだされるであろう。

　第2に，教師は優れたナビゲーターでなくてはならない。考える主体は子どもであり，教師は脇役である。子どもの対話を生産的な対話に導くためのナビゲーター役として不可欠な存在である。子どもたちの考えがつまったときに適切な援助を与え，足場

表9-4 「論理科」の原理――論拠をあげて説明・説得する言語形式を習得

1. 比較による類推
   - ワークシートに相違点と共通点を記す。
   - 自己内対話⇔メタ認知（省察）。

2. 他者との対話（座席の隣同士，4人グループ，6人グループ，クラス全体による討論）
   - 意見表明⇔対立点や相違点を強調。
   - 説得⇔論拠づけの言語形式。

3. 自己内対話による省察（振り返り）⇔メタ認知

納得←→判断⇔結論

（scaffolding）をかけることができなくてはならない。

第3に，授業の進行をみながら，隣同士の対話やグループ討論，教室全体の討論などの対話の形式の選択と，対話を導入するタイミングの見極めが適切に行えなくてはならない。

第4に，子ども同士の交流がつまずいたときにどのように介入するか，介入の仕方も見極められなければならない。教師は子どもの自己内対話（子ども自身で考えを練るための対話）が葛藤解決に向かってすすむように「解決の手だて」を暗示したり提案しなくてはならない。

第5に，授業の締めくくりに，子どもたちの学びの省察（振り返り）の機会を与えること（表9-5）。口で語るだけではなく書く活動を手段にして子どもの考えを可視化させることが必要である。子ども一人ひとりが自分の学びを振り返りメタ認知を働かせることが，知識を転移しやすくさせるのである（表9-6）。

● **論理科実践校と非実践校の比較による効果測定**

内田（2012）は論理科の開発実践校である熊本大学附属小学校（タイプⅠとⅡ）（実験群1）と向原小学校（タイプⅠ）（実験群2）各校3年生と5年生，対照群として広島県内の全国学力・学習状況調査の上位校である小学校の3年生と5年生に協力してもらい論理科実践の効果を測定した（表9-7）。子どもたちには，渡辺（2004）の用いた材料と同様の4コマ漫画を使って説明作文を書いてもらった。その作文を分析して，子どもたちが4つの場面をどのように説明するか，談話構造を分析し，論理科のタイプの違いによる効果の違いを検証した。検証の結果を以下にまとめよう。

第1に，妥当な論拠をあげた理由づけ表現が増加した（図9-5（p.177））。特に，5年生の理由づけの得点が高く妥当な論拠

表9-5 論理科では学びの振り返りが不可欠

1. 自己内対話
ワークシート，手紙，感想文，作文の推敲，手紙（弟妹に伝える，父母に伝える）など。
2. 他者との対話
自分の考えとは違う考えに出会うことによって自分の考えとの葛藤が認識され，自分の考えを相対化する契機となる。
↓
知識は人から与えられるものではなく自ら構成するもの。

表9-6 メタ認知の活用は転移を促す

1.「体験」から「経験」への昇華・抽象化
体験の意味を振り返り，その意味を自分の中で構造化したり再構築することで，「腑に落ちる」とか「わかる」といった状態に昇華・抽象化され，経験として「身につく」⇒「心的モデル」になる。
2. 授業に省察（メタ認知）を組み込む
あらゆる場面で省察を意識することで個々の，個別の体験から多くのことを学べるようになり，学びのプロセスが深まる。
↓
知識が構造化され，応用可能になる⇒転移。

をあげた説明が多かった。同じ原理の論理科の授業を週 2 時間受けたとしても，5 年生が 3 年生よりも効果が大きいという「適性処遇交互作用（aptitude-treatment-interaction）」が検出された。子どもは 9 歳頃に，抽象的な思考段階（形式的な操作段階）に入るとメタ言語意識が高くなる。この段階に，結論先行型で思考過程を整理する因果律の言語形式を教えると大きな教育効果が得られる。

　第 2 に，5 年生では，結論を先に述べてから原因に遡って論拠づける構造の結論先行型作文が増加した。

　第 3 に表現力が向上し，ジャンルに応じた作文が書けるようになった。タイプ I と II の熊小の子どもの作文とタイプ I の向原小の子どもの作文を比較してみると，絵に描かれた要素の記述量に差はなかったが，絵に描かれていない事柄や主人公の心情まで書き込んで，場面展開を加工したかどうかについては大きな違いがあった。

　タイプ I のみに取り組んだ向原小の子どもたちの作文の加工の度合いは低く，簡潔な説明文を書く傾向が強かった。一方，タイプ I と II を開発実践した熊小の子どもたちは絵に描かれていない情報（登場人物の心情）も想像して場面展開の整合性に配慮しながら，豊かな物語作文を構成する傾向が強かった。

　以上をまとめると次のようなことがいえよう。考え方の型の指導（タイプ I）と長い単元「タイプ II」を組み合わせることによって，さまざまな状況に適応的に言語材を使うことができるようになった。子どもたちは，豊かな対話を育む論理科の授業を通して，自発的・自律的に探求する力を身につけるとともに，論理的にものを考えることができるようになった。

表 9-7 論理科実践の効果の検証（内田ら，2012より）

1. 目　的
論理科カリキュラムの2年間の実践が，児童の説明スタイルにどのような効果をもたらしたかを明らかにする。

2. 論理科の授業内容
(1) **タイプⅠ**……「トゥールミン・モデル」（図9-4）に基づく授業。
仮説を支持する証拠（理由の裏づけ），場合によっては反証もあげて理由づけたうえで，自分自身も納得し主張（説得）するようにさせる。
(2) **タイプⅡ**……「適応的エキスパート」を育てる授業。
モデルや論理の型のルーチン的当てはめではなく，状況やジャンル，教科目標に合わせて柔軟に使いこなせるようにし，日常生活にも波及することを目指す。

3. 調査対象
(1) **実験群1**……熊本大学附属小学校の3年生と5年生。
タイプⅠ（週2回）とタイプⅡ（13, 4時間）の授業をどちらも受講した児童。
(2) **実験群2**……広島県安芸高田市立向原小学校の3年生と5年生。
タイプⅠの授業のみ受講した児童。
(3) **対照群**……広島県内の全国学力・学習状況調査上位校の3年生と5年生。
論理科非実践校に通う児童。

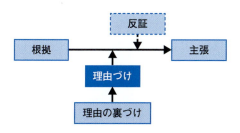

図 9-4　トゥールミン・モデル（鶴田，2010より）

波多野と稲垣（Hatano & Inagaki, 1986）は技能の熟達化には2つのタイプがあると指摘している。一つは「日常的エキスパート（routine expert）」で，もう一つは「適応的エキスパート（adaptive expert）」である（表9-8）。熊小では子どもが論理的に説明・説得するための手続きがわかるレベルに留まらず，どんな場面，どんな状況にも柔軟に対応できる「適応的エキスパート」を目指したことにより，熊小の子どもが「絵に描いた餅をただ眺める」だけでなく，論理的に考え説得的に言語化できるまでになった。熊小の「レベルⅠ」と「レベルⅡ」を組み合わせた授業デザインは，子どもがどんな場面でも活用できる論理力を育成するのに成功したのである。

　熊小の論理科開発と実践の効果をまとめてみよう。第1に，子どもたちの比較する力や既習要素の定着が導入前に比べて伸びた。第2に，自分の考えを理由づけて話そうとする子どもが増え，教室でも家庭でも，「その理由は何？」とか「根拠は何かを教えて」というような質問が増えた。第3に，思考力や表現力を必要とする説明作文課題において妥当な論拠に基づく説得的談話の産出が可能となった。第4に，論理科授業で培った論理力を，さまざまな状況に合わせて柔軟に使いこなせるようになった。第5に，論理科開発という課題に挑戦することを通して教師集団の結束や連携協働が培われたことがあげられる。

● **「序列」よりも「多様性」**

　論理科の授業では，構成主義の学びの理論に基づき，子どもの「序列」よりも「多様性」が大事にされる。作文嫌いや低学力の子どもも発言の機会が与えられ，仲間から認められるため，そのような子どもも活躍できるのである。

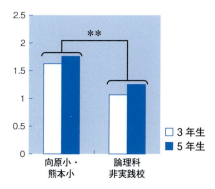

図9-5　理由づけ得点（内田ら，2012より）
**：$p<.01$

表9-8　技能の熟達化の2つのタイプ（Hatano & Inagaki, 1986）

1. 日常的エキスパート
一通り手続きを理解していて，こういうときにはこうすればよいということがわかり無難に課題を解決できるエキスパート。
覚えた手順を正確に使って仕事をする場合。

2. 適応的エキスパート
単に手続きがわかるだけではなく，いろいろな場面に活用・応用できる「心的モデル」を創り上げていて，臨機応変にさまざまな状況や課題に対応できるエキスパート。
自分の考えを口で説明したり，自分のしていることをはっきりと言語化でき，自分の能力の限界や欠点までも評価したり，状況に応じて手持ちの手続きを修正し，より適応的なものに変えることができる場合。

ことばは理性や内省の手段である。「権威」のことばを黙って鵜呑みにして受け入れるという受け身的な知の受容者の立場に甘んじていては新しいものは何も生み出せない。オーセンティック（真正な・切迫性のある）な学びが起こるためには「知識をたくさんもっている」ことのみではなく，知識の意味をとらえ，自分の理解の限界もメタ的にとらえ，絶えず学び直して自分を成長させていくことこそが必要になる。

　熊小の論理科が成功した秘密は，熊小の先生方全員の連携協働にある。熊小の先生方は全員で「自律的探求者を育てる」という目標に向かって，考える力を育てることばの教育に取り組んだ。そのため，熊小の子どもたちは論理科の授業を通して論理力・記述力を着実に身につけることができたのである。

参考図書

内田伸子（1999）．第2言語学習における成熟的制約——子どもの英語習得の過程——　桐谷　滋（編）ことばの獲得　ミネルヴァ書房　pp.195-228.

　日本語談話は時系列，印欧語談話は結論先行の因果律，であることを実証した論文。

内田伸子・鹿毛雅治・河野順子・熊本大学教育学部附属小学校（2012）．「対話」で広がる子どもの学び——授業で論理力を育てる試み——　明治図書

　熊本大学教育学部附属小学校の論理科開発のねらいのもとで開発された論理科カリキュラム（小1～小6）の全貌がわかる啓蒙書。

書くことによる認識の発達
書くこと・考えること・生きること

　作文の推敲はアイディアや表現意図をはっきりさせるために行う活動で，ことばとイメージを行きつ戻りつするダイナミックな探索活動である。筆者は，書くことと考えることの関係を探るために発話プロトコル法を使い，アイディアが生まれる瞬間をとらえた。書くことは，断片的な記憶や不快なフラッシュバックをも可視化するにとどまらず，書き手に生きる意味を発見させることにもつながる。本章では書くことと考えることの検討により，それらが生きることにまでかかわる活動であることを描き出す。

10-1　リテラシーの習得と認識過程

●就学経験の影響

リテラシー（読み書き能力）の習得は抽象的な思考の発達に寄与するという研究結果が多く報告されている（Olson, 1995）。グリーンフィールド（Greenfield, 1966, 1972）は西アフリカセネガルのウォロフ族を対象にして就学経験が認知発達に及ぼす影響について検討した（図10-1，図10-2）。彼らは，書きことばは，時間的・空間的に離れた人へメッセージを伝達することが可能になるので，抽象的思考能力が培われると推測している（Greenfield & Bruner, 1966）。

●読み書き能力の獲得による認識過程の再編成

話しことばから書きことばへのシンボル体系の変化は人間の精神過程に大きな影響を与える。ヴィゴツキー（Vygotsky, 1963）は「テクノロジーや道具の変化が労働の構造に変化をもたらすように，話しことばや書きことばといったシンボル体系の変化は精神活動の再構造化をもたらす」と述べている。

何百年も停滞した経済条件のもとで文盲の状態におかれていたロシア辺境の地，ウズベキスタンとキルギスでは，1917年のロシア革命により社会経済的に急激な変化が起こった。集団農場での近代的な農機具の導入により機械の操作マニュアルを読むために読み書き能力の必要性が増し，読み書きのできる人とできない人の格差が生じた。

ルリア（Luria, 1974）はこの機をとらえリテラシーが抽象的思考の発達に寄与するかどうかを検討した。表10-1，表10-2に読み書きのできない農民の三段論法推論課題での実験者とのやりとりを示す。伝統群の参加者は直接的な体験と結びつけた推論は

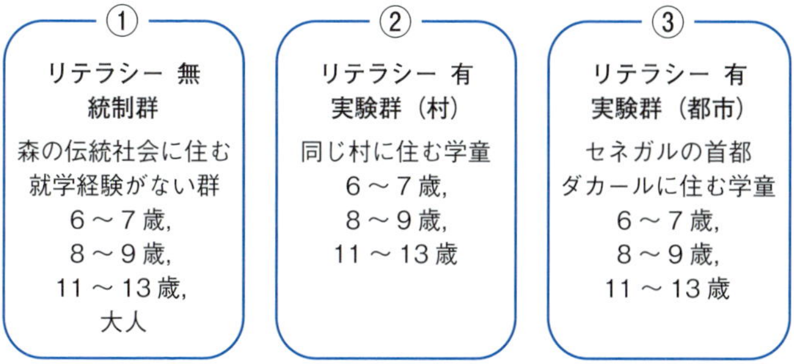

①
リテラシー 無
統制群
森の伝統社会に住む
就学経験がない群
6～7歳,
8～9歳,
11～13歳,
大人
②
リテラシー 有
実験群（村）
同じ村に住む学童
6～7歳,
8～9歳,
11～13歳
③
リテラシー 有
実験群（都市）
セネガルの首都
ダカールに住む学童
6～7歳,
8～9歳,
11～13歳

図 10-1　グリーンフィールドの 3 つの実験群（Greenfield, 1966 より）
セネガル農村部のウォロフ族を実験参加者とし，3 群を構成した。

セット 1
色　：黄　色
形　：丸　い
機能：食べる
(黄)
(オレンジ)
(黄)
セット 2
色　：オレンジ
形　：
機能：着　る
(青)
(オレンジ)
(オレンジ)
セット 3
色　：　青
形　：
機能：乗　る
(青)
(青)
(オレンジ)

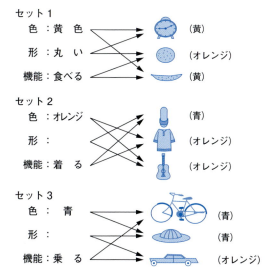

図 10-2　ウォロフ族の子どもに実施した分類課題絵の配列とそれらの属性
（Greenfield, 1966 より）
セット 1 は置時計，オレンジ，バナナ。セット 2 はサンダル，ウォロフ族の洋服，ギター。セット 3 は自転車，ヘルメット，自動車。イラスト横の括弧内は実際の色を示す。

できても，前提の命題から結論を引き出すことが難しいことが明らかになった。ルリアは彼らが三段論法推論ができない理由として，①前提が個人的な体験と結びつかないと信用しないこと，②三段論法の前提は参加者にとって普遍的な性質のものと考えられないこと，③提示された三段論法が参加者においては3つの無関係でバラバラな命題として分離されてしまうことなどをあげている。

● 書きことばの認知的所産

スクリブナーとコール（Scribner & Cole, 1978, 1981；Cole & Scribner, 1974）は，ルリアの研究も含めて，従来の研究は就学によって獲得する経験とリテラシーが重なっているので，リテラシーが認知発達に及ぼす影響を明らかにすることはできないと批判している。コールらは，リテラシーの要因だけを他の経験や活動と独立に扱える西アフリカリベリアの伝統社会のヴァイ族を対象にして，リテラシーの認知への影響を調べた。ヴァイ族は土着の文字をもち生活場面で使っている。学校でリテラシーを学ぶわけではないから就学経験と切り離してリテラシー要因を検討することができると考えたのである。

● 読み書き能力のもたらす所産

コールらは，まず，伝統的な方法論を用いてヴァイ語の読み書きのできる人とできない人の成績を比較した。その結果，書きことばの経験がものをいうと考えられていた分類課題（Greenfield, 1966）や三段論法推論課題（Luria, 1974）においても，両者の成績に差はなかった。しかし，生活場面では両者の違いが現れる。たとえば，商取引の手紙の最初に，「文脈化（contextualization）」とよばれる「書き出し」文を書く。この書き出しは読み手に手紙

表 10-1 三段論法推論のプロトコル例 (1) (Luria, 1974 より)

E：綿は暑くて乾燥した所にだけ育つ。イギリスは寒くて湿気が多い。そこでは綿が育つでしょうか？
S：いや，今じゃ，気候は悪くなって，綿も悪くなってしまったよ。
E：もし，いつも雨が降ったら，綿は育ったでしょうか？　それとも育たなかったでしょうか？
S：いや，綿は雨を好まない。雨のため，我々の所じゃ収穫がなかったんだ。
E：イギリスではいつも寒くて雨が降っています。そこでは綿が育つでしょうか？
S：わからないな。イギリスというのは聞いたことはあるが，そこに綿が育つかどうかは知らない。
→個人的な経験を離れて結論を出すことを放棄してしまう。

E：そこは寒くて雨が多いんですよ。そこには綿が育つんでしょうか？
S：もし，そこが寒くて雨が多いなら，播種用畑の綿だけが育つ。でもどっちにしても収穫はないだろうね。
→前提の枠内での判断および完全に実践的な結論。

E：そこの人は綿を栽培しているでしょうか？
S：どうしてそれがわかる？！　種がまけるんだったら，おそらくそこの人は綿を栽培しているだろうよ。
→前提から結論は下されない。

E：実験者，S：スルタムさん（パルマン村の文盲）。

表 10-2 三段論法課題のプロトコル例 (2) (Luria, 1974 より)

E：雪降る極北では熊は，すべて白い。ノーバヤ・ゼムリヤーは極北にある。そこの熊は何色ですか？
S：大いに経験もあり，あちこち行った人なら，その質問に答えられるだろうね。
E：では私が話したことから，その質問に答えられますか？
S：寒い国に何度も行ったことや住んだことがあって，何でも見た人ならその質問に答えられるだろうし，そこでは，熊がどんな色をしているかも知っているだろうね。
E：シベリアの北のほうにはいつも雪があります。私はあなたに，雪のある所では熊は白いといいましたね。シベリアの北では熊はどんな色をしているんでしょうか？
S：私はシベリアのほうには行ったことがないな。去年死んだダジバイ・アカならシベリアを見たことがあるんだが……彼は私に熊がいると話してくれたが，それがどんなものなのかは言っていなかった。
→三段論法の前提からの結論を放棄。
　その問に答えるには個人的経験が必要であることを指摘。

E：実験者，S：スルタムさん（パルマン村の文盲）。

の内容についての構えを作らせる上で重要だ。ヴァイ語の熟達者に良い手紙を書く条件を尋ねたところ、文脈化メッセージが必要不可欠だと回答した。このことから、ヴァイ語の熟達者は口頭で説明するときにも文脈化のメッセージを最初に述べるのではないかと推測される。実験者から未知のゲームの説明を受けた後、そのゲームを他の人に説明する課題を与えたところ、予想通りヴァイ語の熟達者は口で説明する場面でも、手紙を書くときと同様に、「文脈化」のメッセージを述べてからルールの説明をするため、相手に情報をより多く適切に伝えることができた。またヴァイ文字の特徴（音節文字・句読点なし）になじんでいる熟達者は、手紙を語や句などの意味単位がわかるまで何度も句切り方を変えて読み上げる。手紙全体の意味が通じるまではバラバラの音節を保持していなくてはならない。このような経験は、意味単位を統合したり、音節を記憶する技能の習得を促進するものと予想される。この予想を確かめるため、物語を単語単位で区切った場合と、音節単位で区切った場合の言語音をテープで聞かせ、意味理解や記憶量を調べた。その結果、単語単位の場合は、熟達者と初心者の差はなかったが、音節単位の場合には、両者の差は顕著で、明らかに熟達者の成績が良かったのである。

　この結果は、リテラシーが転移する認知領域は限られており、読み書き能力に含まれる技能に類似した領域にのみ転移することを示唆している。これはヴィゴツキーの提唱した仮説（表10-3）に矛盾するだろうか（表10-4）。詩作や文学鑑賞、作文の推敲（ことばを選ぶ）や彫琢（文章を整え磨く）の過程では、商取引のための決まりきった形式の手紙を書くときに比べ、はるかに複雑な情報処理が起こるはずである。スカルダマリアとベラ

表 10-3　ヴィゴツキーの仮説──「リテラシーのもたらす認知的所産」
　　　　（Vygotsky, 1963 より）

「テクノロジーや道具の変化が労働の構造に変化をもたらすように話しことばや書きことばといったシンボル体系の変化は，精神活動の再構造化をもたらす。
　人間の認識活動のあらゆる基本的形式は，社会の歴史の過程でつくりあげたものである。従って，シンボル体系に変化をもたらす社会文化的な変化はより高次の記憶や思考過程の，そしてより複雑な心理的体制化の基礎を形成する。」

表 10-4　ヴァイ語のリテラシー調査の結果は「ヴィゴツキー仮説」に矛盾するか？

「技術と価値とは無関係ではない。ある社会は，そこで有力な諸価値の故にある種の技術を発展させることができるし，あるいは発展し損なうことがあるだろう。」（チポラ，1983）

↓

読み書き技能もどんなふうに使われるかが問題
使われ方次第で，領域固有→領域一般へ

↓

作文の推敲過程　所産→過程
【ヴィゴツキー仮説とは矛盾しない】

10-1　リテラシーの習得と認識過程

イター（Scardamalia & Bereiter, 1987）は，知識を変容させ変革する場合の作文は，推敲に時間をかけ，よくことばを練った場合のものであると指摘している。

10-2　作文の推敲過程とその意義
● 作文過程は複雑

　書きことばで文や文章を産出する過程は，話しことばの産出よりも一層自覚的であり，たえず，作文を書く過程をモニターしながら自分の表現意図の実現をめざして軌道修正しながら進行する。

　ヘイズとフラワー（Hayes & Flower, 1980）は大学生を対象に，作文を書きながら頭に浮かんだことはすべて外言化させる「発話思考法（think-aloud method）」を用いて作文を書く過程で何が起こっているかを明らかにした。従来いわれていた，表現意図や思想から言語表現に至るまで段階を経て順序よくすすむという「単線型段階モデル」（Rohman（1965）や天野（1988）の紹介したヴィゴツキー・モデル）は作文を書く過程にはあてはまらない。作文過程は既有知識の貯蔵庫からの情報の検索過程，プランニング，モニタリングや読み返し，修正などの下位過程の相互作用によって，非単線型のダイナミックな過程なのである。「書き手はケーキを焼くコックのように（思想から表現へと）段階を順に追っていくのではなく（さまざまな下位過程を行きつ戻りつする）忙しい電話交換手」（Hayes & Flower, 1980）なのである（図10-3）。

● 作文の推敲過程

　内田（1989a，b）は，表現と意図の調整はどのように起こるのかについて明らかにするため，作文が得意な児童を対象にして，発話思考法を用いて，4カ月にわたり作文を3回推敲してもらう

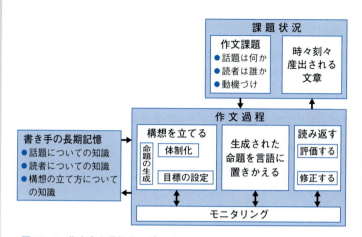

図 10-3 作文産出過程のモデル（Hayes & Flower, 1980 に基づき作成）

表 10-5 子どもの作文の推敲過程の実験（内田, 1989a, b より）

【目　的】
1. 表現と意図の調整過程では頭の中でどんなことが起こっているのか？
2. 表現の外化と表象（representation）の関係はどのようなものか？

【方　法】
- **参加者**：小学6年生10名。作文が大好き・得意で作文を書く実験に協力するとの意思表示をした子どもを対象にした。
- **教示**：「自分が書きたいことをいつもの書き方で書いてください」。
- **用意するもの**：原稿用紙5, 6枚，下書きのわら半紙1枚，Bの鉛筆5本，赤鉛筆2本（修正の跡がわかるようにするため消しゴムは用意しない）。
- **手続き**：①発話プロトコル法（think-aloud protocol method）を用いた。作文を書きながら頭に浮かんだことは全て口に出して言えるように例題を使って訓練し，考えを口に出しながら作文が書けるようになった段階で本実験に入った。②内観報告：作文を書いて1週間以内に，考えているのに口に出せない場合や子どものことばだけでは精神過程を推定できない箇所について内観を報告してもらった。③記録法：子どもの発話はICレコーダーに録音し，作文中の手元と上半身を2台のカメラで録画し，発話と文字の書き込みに対応できるようにした。

過程を検討した（表 10-5）。

推敲の過程で得られたプロトコル（表 10-6）を分析したところ，表現を探し確定する過程では，絶えず表現と意図の往復運動が観察された。自分が書いた表現の意味を理解し，どういう意図でその表現を使ったのか，自分の意図に照らし合わせようとする。この過程で自分が書こうとしていた意図がはっきりしてくる。表現意図に合わせてことばを選ぶのではなく，ことばを先に探しあて，後からことばの意味が自覚化されるようになる。書き始めは何を書きたいのかがはっきりしていなくても，表現を口で繰り返しているうちに書きたいことが明らかになっていく。文字に書いたことによって曖昧だった表象が，明確化され，またそれを変形したり，修正したりしながら，次第に形をなしてくる。

言語の表現と意図の調整過程は表現と意図が「ズレている」という感覚がきっかけになって生ずる（表 10-7）。ズレの感覚が起こると対案を探索し評価する。これが再帰的に繰り返され特定の表現が決まるのである。

● どのような「推敲方略」を使ったか

対案を評価するときにはいくつかの規準となる「推敲方略」が使われている。表 10-8（発話プロトコル例 2）は「わけ」という表現を「理由」と漢字を用いてそれにルビをふるか，平仮名のままにするかで迷っているときのものである。「視覚的効果」は「バランスとしては漢字を入れたほうがきれい」という発話部分から推測した方略である。ことば選びの評価規準が繰返し使われ，内観を問われると，ことばで説明できる（自覚化できる）ものを「推敲方略」と名づけた。ここで取り出した「推敲方略」は，大人の質問によって子どもが意識化できたものに限られている。書

表 10-6 発話プロトコル例 1（内田，1989a, b より）

	（注）意識経験
しかし，それでもよいではありませんか。このことについて考えたことによって，"心の中のことば"[*1]／①※ 「……ことばに気づくことができたのですから」 でもいいし，／②	[*1] ここまで清書したところで書いてあることを読み返して確認する。
「心の中のことばの存在[*2]」なんつったら気持ち悪いなあ。／③ そんな，まるっきり気がつかなかったわけではないんだけど[*3]，／④	[*2] 笑いながら対案を出す。 [*3] 自分自身が気づいていたかどうか事実のほうを吟味する。
その，「心の中のことば」ってのは結局，口で言ってるっていうか，普通のことばっていうのにあらわす前の段階の，そのモヤモヤした気持ちっていうんで，／⑤ そこで，そのことばっていうのは結局きまりがあって，そのきまりの外にあるっていう……P／⑥	原稿に書いてある「心の中のことば」という表現の意味を解釈している。 Pポーズ
だから存在に気づかなかったわけではないな……P[*4]／⑦	[*4] 対案を否定する理由がはっきりする。
心の中のことば，やっぱり，このまんまでいい[*5]／⑧ に気づくことができたのですから[*6]。／⑨	[*5] 原案を納得して受け入れる。 [*6] ※に続けて清書する。

「意味単位」への分割と各単位のカテゴリー名：①「読み返し」②「対案1賦活」③「対案2賦活」＋「不一致感」④「吟味」⑤「意味解釈1」⑥「意味解釈2」⑦「対案1・2を否定する理由づけ」⑧「原案の受け入れ」⑨①に続く文の残りを清書するための「書字」。

表 10-7 ことばが発見される瞬間

```
登場人物の姿を ──────────────〈清書〉
『姿を浮かべ』だとわからないから ────── ズレ
姿を頭の中に浮かべ，頭の中……がでてくるのかなあ
                    ────── 対案の探索
頭の中に浮かべてっていうか，考えていろいろと
さまざまに思い浮かべ，────────── 対案の浮上
それだ！ ──────────────── 納得
頭の中に浮かべてっていうか，考えていろいろと
さまざまに……ウウ……空想して，────── 解釈
思い浮かべ ───────────────〈清書〉
```

き手が推敲の基準を「心的モデル」として保持していて他の場面にも活用できるということを意味している。このようにして同定された方略は全部で 14 種類（表 10-9）であった。

「視覚的効果」や「聴覚的効果」、「行間効果」などの高次の方略は文章の熟達者である作家のうち三島由紀夫や谷崎潤一郎の『文章読本』においても意識的に使われているので表に対比させて記入した。小学 3 年生，5 年生，大学生を対象に，作文を修正してもらう過程でどのような方略を使っているかをみると，低学年では「作文の形式」「文字の修正」など低次なものに，高学年では「視覚的効果」「聴覚的効果」「文脈調和」「重複回避」など高次な方略に焦点をあてて推敲するようになっていく様子がうかがわれる。

● **思想と表現の調整過程**

作文を書く過程では表現したいこと（思想）に合わせてぴったりした表現を選びあてはめていくわけではない。ヴィゴツキー（1962）が指摘しているように，作文における意図と表現の関係は「デパートで自分の身体のサイズに合わせて既成服を選ぶのではなく，はじめは身体の輪郭もあまりはっきりせず，表現という布を切り取ったり，縫い合わせたりして形を作り出す過程」で，「あっ，そうか」「アハー」と納得する主観的体験を経て初めて身体の実態，つまり表現したかった意図や思想が明確になる。認識とことばとは作り作られる双方向的な，ダイナミックな活動なのである。表現意図や表象をことばに転化することにより思想がはっきりしてくるだけでなく，書く以前には考えてもみなかった表象が新たに湧いてくることもある。T. Y. の作文の最後の段落は構想の「組立てメモ」を作成した段階では存在せず，下書き→推

表 10-8 発話プロトコル例2——「わけ」の文字づかいが定まる過程
（内田，1989a，bより）

	（注）
本を読むのが好きなのにはきちんとした*¹ さて「理由」にするか「わけ」にするか*² まず，バランスとしては漢字を入れたほうがきれいだけど*³ 本来の意味としてはどっちだろうな 理由，わけ，理由，わけ　かー*⁴ <u>理由ってすると　こうだからこうするって感じだけど*⁵ これはそれほど確かなものじゃないし*⁶ こうだから，自分の……そのー，だから，要するに，面白いからってことがぬけちゃうから，これは面白いからってことは普通の「理由」，普通，普通はそうだけれども，そこだけじゃないってことを言いたいから*⁷</u> <u>「理由」ってすると，なんというのかな，本をただ読めばいいってことになるけど，わけがあるっていうふうにすれば，こうなんていうのかな，もうちょっとしぼられない，しぼられないじゃないかな</u> じゃ「わけ」にしちゃおう わけがあります*⁸。	*¹ 清書する。 *² 原稿では「わけ」となっている。 *³ 「視覚的効果のルール」。 *⁴ 口で何度も繰り返している。 *⁵ 「漢字使用のルール」。 *⁶ 表現意図の分析。 ｝「漢字使用のルール」によって対案を評価する。 *⁷ 表現意図の再確認。 ｝「漢字使用のルール」によって対案を否定し，原案をとる。 *⁸ 清書する。

表 10-9 T. Y.（6年生）の「推敲方略」

方略の名称	方略の定義*	3年	5年	谷崎	三島**
文 脈 調 和	文脈に表現をしっくりと収める				
調 和 逸 脱	調和を破ることによる緊張		○		○
接　　　続	文と文はなめらかにつなげる				○
行間効果①	余韻のある言葉		○		◎
行間効果②	接続詞多用を避ける			◎	○
視覚的効果	目でみた美しさ		○	◎	◎
聴覚的効果	発音・聴覚的感じ良さ		○	◎	◎
漢 字 使 用	漢字の機能を生かす			◎	◎
重 複 回 避	重複を避ける	△	△	○	○
重 複 使 用	強調や昔話は重複を利用				◎
句 読 点 ①	意味の重要度；、＜ 。や「 」				
句 読 点 ②	読点は打ちすぎない				
保　　　留	修正を保留	○			
削　　　除	原案が納得いかなければ削除				

△；共通性はあるがプリミティヴ　○；自覚的に使用している場合　◎；特に強調している場合。
*T. Y. の内観から推定した。
**3年生，5年生の集団の推敲実験結果と谷崎潤一郎と三島由紀夫の『文章読本』の内容分析結果と比較した。

10-2　作文の推敲過程とその意義

敲→清書へと経過する中で生まれた表現である。

● 知識の変革へ

T. Y. は「組立てメモ」に従って下書きを書き進めたが「単純な構造」の自分しかみえてこない。実際の自分とはどうも違う。書き出した数が足りないのか，自分の表現力が足りないのか，考察を進めるうちに，「人間というのはことばでは表しきれないものなのかもしれない」という考えに到達するようになる。「書くことによって認識が深くなる」ということは，このように書く以前にはみえなかったことがことばの力を借りてはっきりとし，自覚化する過程に伴う主観的体験を指しているのかもしれない（内田，1990，1999）。

● 推敲の意義

「推敲とは何か」の問への大学生の回答を表 10-10 にまとめた。推敲は作文を書き終わってからするものととらえている（表 10-11）。

推敲は作文を書き終えてから始まるものではない。推敲は自分のアイディアや意識を明確にするために組立てメモを作る段階からすでに始まっている。時間をかけて考えを練っていく過程でピッタリしたことばに言い表し，物事の筋道をはっきりさせる営みなのである。

これまでの作文教育の中では意識をことばでとらえる瞬間が必ずしも大事にされてはこなかった。組立てメモは「思考の尖端」でありそれを作る過程で「世界に対する意識の〈一瞬のひらめき〉をことばによってとらえる」ことができるのである（内田，1990）。

表 10-10 「推敲とは何か?」の問に対する大学生の回答 (内田, 1990 より)

【言語心理学受講者 31 名の回答の集約】
①自分の伝えたいこと,表現したいことが伝わるか,
②より洗練された表現はないか,など,表現をその妥当性,審美性の観点で評価すること,
③語句,文法,文章構成(たとえば段落のつくり方),論理展開,リズム(文体,文章の流れに着目し,
④読者の視点に立って修正することである。

【この他 2 名の回答……推敲の過程に注目した】
S.S.「文章のジャンルや種類によって理解に力点を置くか,表現の洗練ということに力点を置くかは異なる。」
H.E.「文章を書くという作業は部分から全体を積み重ねていく継時的なものだが,推敲は同時に全体をつかみ,全体から部分を決めていくものだ。」

表 10-11 推敲や彫琢は作文産出過程のどこでいつ起こるか? (内田, 1999 より)

1. 下書きを書き終えて,清書する前に,推敲や彫琢をするのではない。
2. 推敲や彫琢は表現の体裁を整えるのではなく,思考そのものを練る機会でなくてはなるまい。
3. 推敲や彫琢は自分のアイディアや表現意図を明確にするために組立てメモをつくる段階ですでに始まっているのである。

10-3 書くことによる生きる意味の発見

●失われた時を求めて

　思想や表象を文章に書くということが新しい発見をもたらす。時にはその発見は生きる意味を見出すことにつながることがある。人はことばの力を借りて自分自身が生きてきた時をなぞり，時間の連続性を求めて自分自身を整合性のある世界の中心におこうとする。

　遠藤（1990）は，失われた時を求め，中国（旧満州）の長春で日本人が強制的に収容され，その多くが餓死させられた不幸な体験を白日のもとにさらし，その体験を意識化するために『卡子（チャーズ）──中国革命戦をくぐり抜けた日本人少女』（文春文庫，1990年。チャーズは関所の意）を書いた。彼女は長い間記憶の奥深くに沈めていた自身の体験を書く作業を通して意識化した。文章に書き表すことによって，8歳のときの恐怖体験によって蝕まれてきた自分自身の心を癒すことに成功したのである（表10-12）。

●書くことによる生きる意味の発見

　忘却のかなたに抑圧し続けてきた体験をことばの力を借りて織り紡ぎ，意識化・対象化することによって記憶の連続性や整合性が回復されるということがわかる。自分の生きた過程を振り返り，再構築する過程で，人は癒され，生きる力が与えられるのである。

　彼女は本書の「あとがき」で「書くまでは何か新しいものを発見するとは思いませんでした。しかし，書く度に必ず新しい発見に出会います」と。その新しい発見とは，「生きていてよかった」「自分が生きているのは意味のあることだ」ということを確認する作業にほかならない。

表 10-12　遠藤　誉(ほまれ)氏の『夜と霧』——書くことで霧が晴れた

1. フラッシュバックに苛まれる心
　遠藤　誉は 12 歳まで中国（旧満州）にいた。長春で中国革命軍が日本人を大量に餓死させた事件のまっただ中にいて，奇跡的に生き延びた人である。まさに満州の「夜と霧」を体験し，幼かったがゆえに，人が飢えて人間の死骸を食べるような極限での忌まわしい体験の数々が意味づけられることなく，記憶の底から浮かびあがり，彼女を言われぬ不安と恐怖におとしいれた。彼女の人生のそれまでは長春での体験から目をそむけ，その地に結び付くものは徹底的に断ち切ることの連続であった。しかし，頻繁に襲ってくるフラッシュバックに，これ以上，隠蔽することはできないと，果敢にその体験と向き合うことを決意し，執筆を開始した。

2. 書くことによる悪夢の正体の可視化
　執筆は筆舌につくしがたい壮絶なものであった。いったんある体験の端を意識がとらえたその瞬間に，それが糸口となり芋づる式に意識の底に沈めたはずの，現に意識の中に形をとどめていなかったはずの記憶が蘇り，眠れなくなってしまう毎日であった。彼女はその高い知性と意志力で，この悪夢の正体を見極め，悪夢に打ち勝ったのである。そして執筆が終わったとたん，彼女は物理学を捨てた。彼女が専門に理論物理学を選び，物理学者として多くの実績をあげてきたのは，人間の世界から逃れる一種の逃避だったのである。執筆を終え，すべてを意識化した瞬間，フラッシュバックから解放された。彼女は，物理学という安息の地に逃げ込む必要がなくなったのである。

3. 悪夢からの解放
　彼女は「書いたことでケリがついたような気がしている。書いたことにより，突然自分の位置づけがわかった。不思議なことに書いてからは自分を恐怖に陥れる夢を全く見なくなった。書くことによって人生や事実というものに対する抱擁力のようなものが出てきたような気がしている。自分を不条理の世界に投げ込んだ中国や歴史に対して受け入れられるという境地に立てた」と述べている。

4. 日本と中国の「架け橋」として
　悪夢から解放された彼女はその知力とエネルギーのすべてを人間に対して向けた。まずとりかかったのは，中国残留孤児の問題であった。孤児たちは自分そのものであるという思いから，宿舎にあてられている代々木のオリンピック村に出かけてゆき，堪能な中国語を駆使して，肉親探しを手伝い，厚生省の役人に掛け合い，彼らへの献身的な協力を惜しまなかった。
　その後，彼女は千葉大学や筑波大学の留学生センター長として留学生の文化適応に力を尽くす日々を過ごした。定年後は帝京大学や東京国際福祉大学などで中国文化論の教授として活躍している。現在彼女は日中関係の論考をまとめた本を公刊し，自身を「歴史の不条理に投げ込んだ」日本と中国の「架け橋」として活躍している。

人は自分自身の発見のために，整合的な世界の中心に自分自身を位置づけ，さらに生き続けるために，自己を綴り文章に著すという営みに取り組むのである。

参考図書

内田伸子（1990）．子どもの文章――書くこと考えること――　東京大学出版会

　豊富な実証実験に基づき，書くことと考えることの関係を探った作文の心理学。本章の推敲の研究を中心に，子どもの口頭作文から文字作文への移行や，小学校での作文教育の実態などをまとめた専門書。

内田伸子（1996）．ことばと学び――響きあい，通いあう中で――　金子書房

　ことばと学びの関係は，子どもが親や保育者，教師との豊かな対話によって深まっていく。心理学の実験をベースに教育場面でのことばの育ちをわかりやすく解説した啓蒙書。

引用文献

第1章

赤澤 威 (2000). ネアンデルタール・ミッション——発掘から復活へ フィールドからの挑戦—— 岩波書店

Akazawa, T., & Muhesen, S. (2002). *Neanderthal burials: Excavations of the Dederiyeh Cave, Afrin, Syria*. KW Publications.

Braus, H. (1954). *Anatomie des Menschen*. Berlin: Springer-Verlag.

Bruner, E., Manzi, G., & Arsuaga, J. L. (2003). Encephalization and allometric trajectories in the genus Homo: Evidence from the Neandertal and modern lineages. *Proceedings of the National Academy of Sciences of the United States of America*, **100** (26), 15335-15340.

Cole, M., & Cole, S. (1989). *The development of children*. San Francisco and London: W. H. Freeman and Company.

Darwin, C. (1871). *The descent of man, and selection in relation to sex*. London: John Murray.
（ダーウィン, C. 長谷川眞理子（訳）(1999). 人間の進化と性淘汰Ⅰ, Ⅱ 文一総合出版）

河内まき子 (2005). 成長のしかたを考える 赤澤 威（編著）ネアンデルタール人の正体——彼らの「悩み」に迫る——（pp.205-236） 朝日新聞社

Tran Duc Thao (1973). *Recherches sur l'origine du langage et de la conscience*. Editions Sociales.
（チャン・デュク・タオ 花崎皋平（訳）(1979). 言語と意識の起源 岩波現代選書）

Holloway, R. L. (1974). The casts of fossil hominid brains. *Scientific American*, **231** (1), 106-115.

Huber, E. (1931). *Evolution of facial musclature and expression*. Baltimore: The Johns Hopkins University Press.

板橋旺爾 (2003). 列島考古学の再構築——旧石器から弥生までの実像—— 学生社

ジェリソン, H. J. (1976). 化石にみる知能の進化 サイエンス, **3**, 80-90.

北原 隆（フリッシュ, J.）(1983). 人間とは何か——人類学が教えること—— どうぶつ社

近藤宗平 (1994). ヒト進化の遺伝的要因を考える——エボルーション—— 蛋白質核酸酵素, **39** (15), 2390-2393.

Lenneberg, E. H. (1967). *Biological foundations of language*. John Wiley &

Sons.

（レネバーグ，E. H.　佐藤方哉・神尾昭雄（訳）(1974)．言語の生物学的基礎　大修館書店）

Lewin, R. (1993). *The origin of modern humans*. New York：W. H. Freeman and Company.

松本直子 (2003)．認知考古学は心の進化をどうとらえるか　日本心理学会第67回大会公開シンポジウム　心の進化学と考古学（21世紀COEプログラム"心とことば—進化認知科学的展開"共催）　日本心理学会第67回大会発表論文集，S17.

Pinker, S. (2010). *The language instinct : How the mind creates language(P.S.)*. Harper Collins e-books.

澤口俊之 (1995)．ヒトの脳はなぜ進化したか　栗本慎一郎・養老孟司・澤口俊之・立川健二（編著）脳・心・言葉（pp.25-96）　光文社

澤口俊之 (2005)．脳の違いが意味すること　赤澤　威（編著）ネアンデルタール人の正体——彼らの「悩み」に迫る——（pp.237-255）　朝日新聞社

時実利彦 (1969)．目で見る脳——その構造と機能——　東京大学出版会

内田伸子 (2005)．言葉を話したか　赤澤　威（編著）ネアンデルタール人の正体——彼らの「悩み」に迫る——（pp.257-281）　朝日新聞社

内田伸子（編著）(2005)．心理学——こころの不思議を解き明かす——　光生館

やまだようこ (1987)．ことばの前のことば——ことばが生まれるすじみち1——　新曜社

第2章

Bower, T. G. R. (1977). *A primer of infant development*. San Francisco and London：W. H. Freeman and Company.

（バウアー，T. G. R.　岡本夏木・野村庄吾・岩田純一・伊藤典子（訳）(1979)．乳児の世界——認識の発生・その科学——　ミネルヴァ書房）

Condon, W. S., & Sander, L. W. (1974). Neonate movement is synchronized with adult speech：Interactional participation and language acquisition. *Science*, **183**, 99-101.

アイマス，P. D. (1985)．赤ちゃんはどのように言葉を聞きとるか　サイエンス，**3**, 70-78.

Freud, A., & Dann, S. (1951). An experiment in group upbringing. *Psychoanalytic Study of the Child*, **6**, 127-168.

Meltzoff, A. N., & Moore, M. K. (1977). Imitation of facial and manual gestures by human neonates. *Science*, **198**, 75-78.

ポルトマン，A. 高木正孝（訳）(1961). 人間はどこまで動物か 岩波書店
Schaffer, H. R. (1971). *The growth of socioability*. Harmonsworth, England：Penguin.
内田伸子（1990）. 言語と人間 内田伸子（編）新・児童心理学講座 第6巻 言語機能の発達（pp.3-35） 金子書房

第3章

Baron-Cohen, S. (1995). *Mindblindness：An essay on autism and theory of mind*. Cambridge, MA：MIT Press.

Bruner, J. (1983). *Child's talk：Learning to use language*. Norton.

Butterworth, G. (1995). Origins of mind in perception and action. In C. Moor, & P. J. Dunham (Eds.), *Joint attention：Its origins and role in development*. Hillsdale, N. J.：Lawrence Erlbaum Associates.

Campos, J. J., Barrett, K. C., Lamb, M. E., Goldsmith, H. H., & Sternberg, C. (1983). Socioemotional development. In P. H. Mussen (Ed.), *Handbook of child psychology：Vol.2. Infancy and developmental psychology*. New York：Wiley.

Campos, J. J., & Stenberg, C. R. (1981). Perception, appraisal, and emotion：The onset of social referencing. In M. E. Lamb, & L. R. Sherrod (Eds.), *Infants social cognition：Empirical and social considerations* Hillsdale, N. J.：Erlbaum.

Caudill, W., & Weinstein, H. (1969). Maternal care and infant behavior in Japan and America. *Psychiatry*, **32** (1), 12-45.

Fernald, A., & Morikawa, H. (1993). Common themes and cultural variations in Japanese and American mother's speech to infants. *Child Development*, **64**, 637-656.

Geschwind, N., & Galaburda, A. M. (1987). *Cerebral lateralization：Biological mechanisms, associations and pathology*. Cambridge, Massachusetts：The MIT Press.
（ゲシュヴィント，N.・ガラバルダ，A. M. 品川嘉也（訳）(1990). 右脳と左脳――天才はなぜ男に多いか―― 東京化学同人）

Geschwind, N., & Galaburda, A. M. (Eds.) (1988). *Cerebral dominance：The biological foundations*. Mass：Harvard University Press.

板倉昭二（1998）. 自己の起源――比較認知心理学の視点から―― 児童心理学の進歩, **37**, 177-199.

レスタック，R. M. 河内十郎（訳）(1982). 脳の人間学――脳研究と人間の可能性―― 新曜社

向井美穂（2003）. 社会的参照の発生メカニズム――個人差「人指向」・「物指

向」の検討―― お茶の水女子大学人間文化論叢, **6**, 83-93.

Rovee-Collier, C. K., Sullivan, M. W., Enright, M., Lucas, D., & Fagen, J. W. (1980). Reactivation of infant memory. *Science*, **208**, 1159-1161.

Scaife, M., & Bruner, J. (1975). The capacity for joint visual attention in the infant. *Nature*, **253**, 265-266.

Tomasello, M. (1995). Joint attention as social cognition. In C. Moor, & P. J. Dunham (Eds.), *Joint attention : Its origins and role in development*. Hillsdale, N. J. : Lawrence Erlbaum Associates.

内田伸子 (2007). 想像する心――思考と談話の成立過程―― 内田伸子・氏家達夫 (編) 発達心理学特論 放送大学教育振興会

内田伸子・秦野悦子 (1978). 初期言語行動の成立過程 日本教育心理学会第20回総会発表論文集, 314-315.

内田伸子・向井美穂 (2008). 赤ちゃんが環境変化に気づくとき――「図鑑型」と「物語型」―― 内田伸子 (編) よくわかる乳幼児心理学 (pp.36-37) ミネルヴァ書房

Watson, J. B. (1930). *Behaviorism*. rev. ed. New York : Norton.

第4章

浅見千鶴子・岡野恒也 (1980). 比較心理学 ブレーン出版

Cazden, C. B. (1965). Environmental assistance to the child's acquisition of grammar (Doctoral dissertation). Harvard University. In D. McNeil (1970). *The acquisition of language* (pp.66-84).
(マクニール, D. 佐藤方哉・松島恵子・神尾昭雄 (訳) (1972). ことばの獲得――発達心理言語学入門―― (pp.78-79) 大修館書店)

Clark, E. V. (1973). What's in a word? : On the child's acquisition of semantics in his first language. In T. Moore (Ed.), *Cognitive development and the acquisition of language*. New York : Academic Press.

Ervin-Tripp, S. (1964). Imitation and stuructural change in children's language. In E. H. Lenneberg (Ed.), *New directions in the study of language*. Cambridge, MA : M. I. T. Press.

Gentner, D. (1982). A study of early word mening using artificial objects : What looks like a jiggy but acts a zimbo? In J. Gardner (Ed.), *Readings in developmental psychology*. Boston, MA : Little, Brown and Company.

ヘッブ, D. O. 白井 常他 (訳) (1972/1975). 行動学入門 [第3版]――生物科学としての心理学―― 紀伊國屋書店

Lakoff, G. (1987). *Women, fire, and dangerous things : What categories reveal about the mind*. The University of Chicago Press.

Luria, A. R., & Yudovich, F. Ia. (1959). *Speech and the development of mental processes in the child*. London：Staples.

（ルリヤ, A. R.・ユドヴィッチ, F. Ia.　松野　豊・関口　昇（訳）（1969）．言語と精神発達　明治図書）

Markman, E. M., & Hutchinson, J. E.（1984）. Children's sensitivity to constraints on word meaning：Taxonomic versus thematic relations. *Cognitive Psychology*, **16**, 1‑27.

Markman, E. M., & Wachtel, G. F.（1988）. Children's use of mutual exclusivity to constrain the meanings of words. *Cognitive Psychology*, **20**, 121‑157.

Miller, G. A.（1981）. *Language and speech*. San Francisco and Oxford：W. H. Freeman and Company.

（ミラー，G. A.　無藤　隆・久慈洋子（訳）（1983）．入門ことばの科学　誠信書房）

Naka, M.（1999）. The acquisition of Japanese numerical classifiers by 2-4-year-old children：The role of caretakers' linguistic inputs. *Japanese Psychological Research*, **41**（1）, 68‑78.

Okamoto, N.（1962）. Verbalization process in infancy（Ⅰ）. *Psychologia*, **5**, 32‑40.

岡本夏木（1982）．子どもとことば　岩波新書

大津由起雄（1989）．心理言語学　太田　朗（編）柴谷方良・大津由起雄・津田　葵　英語学大系6　英語学の関連分野　大修館書店

Premack, A. J., & Premack, D.（1972）. Teaching language to an ape. *Scientific American*, **227**（4）, 92‑99.

内田伸子（1997）．子どもは生物助数詞をどのように獲得するか――日本語・中国語母語話者の比較――　立命館文學，**548**, 437‑474.

内田伸子・今井むつみ（1996）．幼児期における助数詞の獲得過程――生物カテゴリーの形成と助数詞付与ルールの獲得――　教育心理学研究，**44**（2），126‑135.

Uchida, N., & Imai, M.（1999）. Heuristics in learning classifiers：The acquisition of the classifier system and its implications for the nature of lexical acquisition. *Japanese Psychological Research*, **41**（1）, 50‑69.

第5章

Cummins, J.（1981）. Age on arrival and immigrant second language in Canada：A reassessment. *Applied Linguistics*, **2**（2）, 132‑149.

Cummins, J.（1984a）. *Bilingualism and special education : Issues in assessment and pedagogy*. Clevendon：Multilingual Matters.

Cummins, J.（1984b）. Wanted：A theoretical framework for relating language proficiency to academic achievement among bilingual students. In C.

Rivera (Ed.), *Language proficiency and academic achievement* (pp.2-19). Clevendon: Multilingual Matters.

Cummins, J・中島和子 (1985). トロント補習校小学生の二言語能力の構造 東京学芸大学海外子女教育センター (編) バイリンガル・バイカルチュラル教育の現状と課題——在外・帰国子女教育を中心として—— (pp.14-179) 東京学芸大学海外子女教育センター

ダイヤグラムグループ (編) (1983). ザ・ブレイン——脳の最前線—— 鎌倉書房

Johnson, J. S., & Newport, E. L. (1989). Critical period effects in second language learning: The influence of maturational state on the acquisition of English as a second language. *Cognitive Psychology*, **21**, 60-99.

北村　甫 (1952). 子どもの言葉は移住によってどう変わるか　言語生活, **8**, 15-20.

ラボ教育センター (編) 佐藤　学・内田伸子・大津由紀雄 (述) (2011). 佐藤　学　内田伸子　大津由紀雄が語る　ことばの学び、英語の学び　ラボ教育センター

Lenneberg, E. H. (1967). *Biological foundations of language*. John Wiley & Sons.
　(レネバーグ, E. H.　佐藤方哉・神尾昭雄 (訳) (1974). 言語の生物学的基礎　大修館書店)

中島和子 (1998). バイリンガル教育の方法——地球時代の日本人育成を目指して——　アルク

Newport, E. L. (1990). Maturational constraints on language learning. *Cognitive Science*, **14**, 11-28.

Newport, E. (1990). Maturational constraints on language learning. *Cognitive Science*, **14**, 11-28.

内田伸子 (1999). 第2言語学習における成熟的制約——子どもの英語習得の過程——　桐谷　滋 (編) ことばの獲得 (pp.195-298)　ミネルヴァ書房

内田伸子 (2004). 小学校1年からの英語教育はいらない——幼児期～児童期のことばの教育のカリキュラム——　大津由紀雄 (編著) 小学校での英語教育は必要ない！　慶應義塾大学出版会

第6章

Ainsworth, M. D. S., Blehar, M. C., Waters, E., & Wall, S. N. (1978). *Patterns of attachment: A psychological study of the strange situation*. NY: Lawrence Erlbaum Associates.

藤永　保・斎賀久敬・春日　喬・内田伸子 (1987). 人間発達と初期環境——

初期環境の貧困に基づく発達遅滞児の長期追跡研究―― 有斐閣

Gogtay, N., Giedd, J. N., Lusk, L., Hayashi, K. M., Greenstein, D., Vaituzis, A. C., Nugent III, T. F., Herman, D. H., Clasen, L. S., Toga, A. W., Rapoport, J. L., & Thompson, P. M. (2004). Dynamic mapping of human cortical development during childhood through early adulthood. *Proceedings of the National Academy of Sciences of the United States of America*, **101** (21), 8174-8179.

ヘッブ, D. O.　白井　常他（訳）（1972/1975）. 行動学入門［第3版］――生物科学としての心理学―― 紀伊國屋書店

Hopwood, N. J., & Becker, D. J. (1980). Psychological dwarfism: Detection, evaluation, and management. In C. H. Kemp, A. W. Franklin, & C. Cooper (Eds.), *The abused child in the family and in the community*. Vol. I. N. Y.: Pergamon Press.

Miller, G. A. (1981). *Language and speech*. San Francisco and Oxford: W. H. Freeman and Company.
（ミラー, G. A.　無藤　隆・久慈洋子（訳）（1983）. 入門ことばの科学　誠信書房）

Ono, M., Kikusui, T., Sasaki, N., Ichikawa, M., Mori, Y., & Murakami-Murofushi, K. (2008). Early weaning induces anxiety and precocious myelination in the anterior part of the basolateral amygdala of male Balb/c mice. *Neuroscience*, **156**, 1103-1110.

Raven, J., Raven, J. C., & Court, J. H. (1998). *Manual for Raven's progressive matrices and vocabulary scales*. Oxford: Oxford Psychologists Press.

Rutter, M. (1979). Maternal deprivation, 1972-1978: New findings, new concepts, new approaches. *Child Development*, **50** (2), 283-305.

Tomoda, A., Sheu, Y., Rabi, K., Suzuki, H., Navalta, C., Polcari, A., & Teicher, M. H. (2011). Exposure to parental verbal abuse is associated with increased gray matter volume in superior temporal gyrus. *NeuroImage*, **54** (1), 280-286.

内田伸子（1999）. 発達心理学――ことばの獲得と教育―― 岩波書店

内田伸子（2007）. 想像する心――思考と談話の成立過程―― 内田伸子・氏家達夫（編著）発達心理学特論　放送大学教育振興会

内田伸子・向井美穂（2008）. 赤ちゃんが環境変化に気づくとき――「図鑑型」と「物語型」―― 内田伸子（編）よくわかる乳幼児心理学（pp.36-37）ミネルヴァ書房

第7章

Arieti, S. (1976). *Creativity: The magic synthesis*. Basic Books.

(アリエティ，S. 加藤正明・清水博之（訳）(1980). 創造力——原初からの統合—— 新曜社)

Bartlett, F. C. (1932). *Remembering : A study in experimental and social psychology.* Cambridge：Cambridge University Press.
(バートレット，F. C. 宇津木　保・辻　正三（訳）(1983). 想起の心理学——実験的社会的心理学における一研究—— 誠信書房)

Frankl, V. E. (1947). *...trotzdem Ja zum Leben sagen : Ein Psychologe erlebt das Konzentrationslager.*
(フランクル，V. E. 霜山徳爾（訳）(1956). 夜と霧——ドイツ強制収容所の体験記録—— みすず書房)

ヘッブ，D. O. 白井　常他（訳）(1975). 行動学入門［第3版］——生物科学としての心理学—— 紀伊國屋書店

Holyoak, K. J., & Thagard, P. (1995). *Mental leaps : Analogy in creative thought.* Cambridge, MA：MIT Press.

Neisser, U. (1981). John Dean's memory：A case study. *Cognition*, **9**, 1-22.

Neisser, U. (1993). The self perceived. In U. Neisser (Ed.), *The perceived self : Ecological and interpersonal sources of self-knowledge.* Cambridge, MA：Cambridge University Press.

内田伸子 (1985). 幼児における事象の因果的統合と産出　教育心理学研究, **33**, 124-134.

内田伸子 (1990). 言語と人間　内田伸子（編）新・児童心理学講座6　言語機能の発達 (pp.3-35)　金子書房

内田伸子 (1996). 子どものディスコースの発達——物語産出の基礎過程——　風間書房

内田伸子 (2008). 幼児心理学への招待［改訂版］——子どもの世界づくり——　サイエンス社

Vygotsky, L. S. (1963). Learning and mental development at school age. In B. Simon, & T. Simon (Eds.), *Educational psychology in the USSR.* London：Routledge & Kagan Paul.

山梨正明 (1988). 比喩と理解　東京大学出版会

第8章

東　洋（代表）(1995). 幼児期における文字の獲得過程とその環境的要因の影響に関する研究　平成4～6年度科学研究費補助金（総合研究A）研究報告書

Fletcher, K. L., & Reese, E. (2005). Picture book reading with young children：A conceptual framework. *Developmental Review*, **25**, 64-103.

Kang, J. Y., Kim, Y. S., & Pan, B. A. (2009). Five-year-olds' book talk and story retelling: Contributions of mother-child during joint book reading. *First Language*, **29**, 243-265.

齋藤　有・内田伸子（2013a）．母親の養育態度と絵本の読み聞かせ場面における母子相互作用の関係に関する長期縦断的検討　読書科学，**55**（1・2），56-67．（あまんきみこ（作）・二俣英五郎（絵）（1984）．きつねのおきゃくさま　サンリード）

齋藤　有・内田伸子（2013b）．幼児期の絵本の読み聞かせに母親の養育態度が与える影響——「共有型」と「強制型」の横断的比較——　発達心理学研究，**24**（2），150-159．（あまんきみこ（作）・二俣英五郎（絵）（1984）．きつねのおきゃくさま　サンリード）

白川　静（1970）．詩経——中国の古代歌謡——　中公新書

富山尚子（2013）．認知と感情の関連性——気分の効果と調整過程——　風間書房

内田伸子（1989a）．子どもの推敲方略の発達——作文における自己内対話の過程——　お茶の水女子大学人文科学紀要，**42**，75-104．

内田伸子（1989b）．物語ることから文字作文へ——読み書き能力の発達と文字作文の成立過程——　読書科学，**33**（1），10-24．

内田伸子（2008）．幼児心理学への招待［改訂版］——子どもの世界づくり——　サイエンス社

内田伸子（2014）．子育てに「もう遅い」はありません　冨山房インターナショナル

内田伸子・浜野　隆（編著）（2012）．世界の子育て格差——子どもの貧困は超えられるか——　金子書房

Wertch, J. V., McNamee, G. D., McLane, J. B., & Budwig, N. A.（1980）. The adult-child dyad as a problem-solving system. *Child Development*, **51**, 1215-1221.

第9章

Hatano, G., & Inagaki, K.（1986）. Two courses of expertise. In H. A. H. Stevenson, H. Azuma, & K. Hakuta（Eds.）, *Child development and education in Japan*（pp.262-272）. New York: Freeman.

広島県検証改善委員会（2008）．全国学力・学習状況調査——上位校と下位校の比較報告書——　広島県教育委員会

鶴田清司（2010）．〈解釈〉と〈分析〉の統合をめざす文学教育——新しい解釈学理論を手がかりに——　学文社

内田伸子（1985）．幼児における事象の因果的統合と産出　教育心理学研究，**33**，124-134．

内田伸子（1990）．子どもの文章——書くこと考えること——　東京大学出版

会

内田伸子（1999）．第二言語学習における成熟的制約――子どもの英語習得の過程―― 桐谷　滋（編）ことばの獲得（pp.195-228）　ミネルヴァ書房（マーサー・メイヤー（作・絵）（1976）．かえるくん　どこにいるの？（pp.1-2）　ほるぷ出版）

内田伸子（2012）．ことばの力に培う「みんなで伸びる授業デザイン」〈3年次〉――「論理科」カリキュラム開発と実践の効果―― 熊本大学教育学部附属小学校紀要，**61**, 198-213.

内田伸子（2016）．考える力を育むことばの教育――メタ認知を活かした授業デザイン「論理科」の開発と実践効果の検証―― 読書科学，**58**（3），109-121.

内田伸子・鹿毛雅治・河野順子・熊本大学教育学部附属小学校（2012）．「対話」で広がる子どもの学び――授業で論理力を育てる試み―― 明治図書

渡辺雅子（2004）．納得の構造――日米初等教育に見る思考表現のスタイル―― 東洋館出版社

第10章

天野　清（1988）．音韻分析と子どもの literacy の習得　教育心理学年報，**27**, 142-164.

チポラ，C. M.　佐田玄治（訳）（1983）．読み書きの社会史――文盲から文明へ―― 御茶の水書房

Cole, M., & Scribner, S. (1974). Culture and thought: A psychological introduction. New York: Wiley.
（コール，M.・スクリブナー，S.　若井邦夫（訳）（1982）．文化と思考　サイエンス社）

遠藤　誉（1990）．卡子（チャーズ）（上・下）　文春文庫

Greenfield, P. (1966). On culture equivalence. In J. Bruner, R. Olver, & P. Greenfield (Eds.), *Studies in cognitive growth*. New York: Wiley.

Greenfield, P. (1972). Oral or written language: The consequences for cognitive development in Africa, the United States and England. *Language and Speech*, **15** (2), 169-178.

Greenfield, P., & Bruner, J. (1966). Culture and cognitive growth. *International Journal of Psychology*, **1** (2), 89-107.

Hayes, J. R., & Flower, L. S. (1980). Identifying the organization of writing processes. In L. W. Gregg, & E. R. Steinberg (Eds.), *Cognitive processes in writing*. Hillsdale, N. J.: Lawrence Erlbaum Associates.

Luria, A. R. (1974). *Cognitive development: Its cultural and social foundations*.

Harvard：Harvard University Press.
（ルリヤ，A. R. 森岡修一（訳）(1976). 認識の史的発達 明治図書出版）

Olson, D. R. (1995). Writing and the mind. In J. V. Wertsch, P. Del Rio, & A. Alvarez (Eds.), *Sociocultural studies of mind*. Cambridge：Cambridge University Press.

Rohman, D. G. (1965). Pre-writing：The stage of discovery in the writing process. *College Composition and Communication*, **16**, 106-113.

Scardamalia, M., & Bereiter, C. (1985). Development of dialectical process in composition. In D. R. Olson, N. Torrance, & A. Hildyard (Eds.), *Literacy, language and learning : The nature and consequences of reading and writing*. Cambridge：Cambridge University Press.

Scardamalia, M., & Bereiter, C. (1987). Knowledge telling and knowledge transforming in written composition. In S. Rosenberg (Ed.), *Advances in applied psycholinguistics. Vol.2 : Reading, writing, and language learning*. Cambridge：Cambridge University Press.

Scribner, S., & Cole, M. (1978). Literacy without schooling：Testing for intellectual effects. *Harvard Educational Review*, **48** (4), 448-461.

Scribner, S., & Cole, M. (1981). *The psychology of literacy*. Harvard University Press.

内田伸子 (1989a). 子どもの推敲方略の発達――作文における自己内対話の過程―― お茶の水女子大学人文科学紀要，**42**, 75-104.

内田伸子 (1989b). 物語ることから文字作文へ――読み書き能力の発達と文字作文の成立過程―― 読書科学，**33** (1), 10-24.

内田伸子 (1990). 子どもの文章――書くこと考えること―― 東京大学出版会

内田伸子 (1999). 発達心理学――ことばの獲得と教育―― 岩波書店

ヴィゴツキー，L. S. 柴田義松（訳）(1962). 思考と言語 明治図書

Vygotsky, L. S. (1963). Learning and mental development at school age. In B. Simon, & T. Simon (Eds.), *Educational psychology in the USSR*. London：Routledge & Kagan Paul.

人名索引

ア 行
板倉昭二 40
稲垣佳世子 176

ヴァインスタイン（Weinstein, H.） 50
ヴィゴツキー（Vygotsky, L. S.） 128, 170, 180, 184, 190
内田伸子 38, 52, 164, 172, 186

遠藤 誉 194

小野 稔 102

カ 行
カズデン（Cazden, C. B.） 60
カミンズ（Cummins, J.） 90, 92, 94

北村 甫 80
キャンポス（Campos, J. J.） 44

グリーンフィールド（Greenfield, P.） 180

コーディル（Caudill, W.） 50
コール（Cole, M.） 2, 182
コール（Cole, S.） 2

サ 行
サガード（Thagard, P.） 130
澤口俊之 8, 12

ジェリソン（Jerison, H. J.） 6, 10
ジョンソン（Johnson, J. S.） 78
白川 静 156

スカルダマリア（Scardamalia, M.） 184
スクリブナー（Scribner, S.） 182

タ 行
ダーウィン（Darwin, C.） 2

チャン・デュク・タオ（Tran Duc Thao） 10

デューイ（Dewey, J.） 170

トマセロ（Tomasello, M.） 42
友田明美 102

ナ 行
ナイサー（Neisser, U.） 134
仲 真紀子 72
中島和子 90, 94

ニューポート（Newport, E. L.） 78, 82, 84, 88

ハ 行
バートレット（Bartlett, F. C.） 134
バウアー（Bower, T. G. R.） 32
秦野悦子 52
波多野誼余夫 176
バロン=コーエン（Baron-Cohen, S.） 42

ファーナルド（Fernald, A.） 52
藤永 保 104
フラワー（Flower, L. S.） 186
フランクル（Frankl, V. E.） 124
ブルーナー（Bruner, J.） 40

209

ヘイズ (Hayes, J. R.) 186
ベライター (Bereiter, C.) 184

ホリヨーク (Holyoak, K. J.) 130
ポルトマン (Portmann, A.) 22, 24

マ 行
向井美穂 46

森川尋美 52

ヤ 行
やまだようこ 10

ユドヴィッチ (Yudovich, F. Ia.) 58

ラ 行
リーバーマン (Lieberman, P.) 14

ルリア (Luria, A. R.) 58, 180

レイブン (Raven, J.) 110
レネバーグ (Lenneberg, E. H.) 76

ロヴィー=コリアー (Rovee-Collier, C. K.) 42

ワ 行
ワーチ (Wertch, J. V.) 154
渡辺雅子 172

事項索引

ア 行
愛着 32
愛着形成のコミュニケーション仮説 32

育児語 52
隠喩 130

ウェルニッケ野 86
嘘 132

カ 行
可逆的操作 138
拡散的思考 126

記憶 42
気分一致効果 156
虐待 100
強化の役割 60
共同注視 40

訓練の効果 58

形状類似バイアス 68
系統発生 2
言語音 26
言語獲得 56
言語コントロール機能 86
言語習得の"臨界期"仮説 78
原始言語 8

語彙の獲得 66
個体発生 2
子ども中心の保育 148
コミュニケーションパターン 50

サ 行
視覚的断崖装置 44
自己意識 40
思考 126
しつけスタイル 150
事物全体制約 68
社会的参照 44
社会的伝達 10
就巣性 22
収束的思考 126
少容量多学習仮説 88

推敲方略 188
図鑑型 48
ストレンジ場面手続き 108

脆弱性 116
生物学的制約 84
生理的早産 28

相互排他性制約 68
想像力 124

タ 行
第1次認知革命 38
第2の誕生期 120
大脳の拡大 6

中枢神経系 30
直喩 130

「冬眠」 106

ナ 行
2言語共有説 92

2言語相互依存説　92
2言語バランス説　92
2次的就巣性　24
二足歩行　4

ネアンデルタール　12

ハ　行
発話思考法　186
般用　64

比喩　130

ブローカ野　86
分離不安　32
分類学的（カテゴリー）制約　68

方言への同化　80

補足領野　86

マ　行
末梢　30

ムスティエ型石器　16

物語型　46
模倣の影響　60

ラ　行
離巣性　22
リテラシー　146，180
臨界期　76

類推　128

著者紹介

内田伸子（うちだ　のぶこ）

1968 年	お茶の水女子大学文教育学部卒業
1970 年	お茶の水女子大学大学院人文科学研究科修士課程修了
	お茶の水女子大学大学院教授や理事・副学長等を経て
現　在	十文字学園理事，十文字学園女子大学特任教授
	筑波大学客員教授，お茶の水女子大学名誉教授
	学術博士

主要編著書

『発達心理学──ことばの獲得と教育──』（岩波書店，1999）

『幼児心理学への招待［改訂版］──子どもの世界づくり──』
　　（サイエンス社，2008）

『世界の子育て格差──子どもの貧困は超えられるか──』（共編）
　　（金子書房，2012）

『子育てに「もう遅い」はありません』（冨山房インターナショナル，2014）

『高校生のための心理学講座──こころの不思議を解き明かそう
　　──』（共編）（誠信書房，2016）

コンパクト新心理学ライブラリ 4
発達の心理
——ことばの獲得と学び——

| 2017年2月10日© | 初　版　発　行 |

著　者　内田伸子　　　　　　発行者　森平敏孝
　　　　　　　　　　　　　　印刷者　山岡景仁
　　　　　　　　　　　　　　製本者　小高祥弘

発行所　**株式会社　サイエンス社**
〒151-0051　東京都渋谷区千駄ヶ谷1丁目3番25号
営業　☎ (03) 5474-8500 (代)　　　振替 00170-7-2387
編集　☎ (03) 5474-8700 (代)
FAX　☎ (03) 5474-8900

印刷　三美印刷　　製本　小高製本工業
《検印省略》

本書の内容を無断で複写複製することは、著作者および
出版者の権利を侵害することがありますので、その場合
にはあらかじめ小社あて許諾をお求め下さい。
ISBN978-4-7819-1392-6
PRINTED IN JAPAN

サイエンス社のホームページのご案内
http://www.saiensu.co.jp
ご意見・ご要望は
jinbun@saiensu.co.jp　まで。